칸트처럼, 퇴계처럼

DEEP THEORY

"근원"에 관하여

권기헌

박영사

목 차

칸트와 퇴계

삶이 주는 고단함에 지칠 때면 칸트와 퇴계를 떠올린다. 위대한 철학자라는 사실을 떠나, 그분들이 살아 갔던 그 삶의 엄정함과 규칙, 그리고 그들이 탐구한 형이상학적 질서의 심오함이 나를 숙연하게 만들기 때문이다.

칸트는 평생을 눈에 보이지 않는 질서를 탐구했다. 어릴 적부터 엄마의 손을 잡고 밤하늘의 은하수를 바라보면서 저 반짝이는 별들의 세계에 존재하는 보이지 않는 패턴에 대해 궁금해 했다. 그의 눈에 그들은 명확한 원리하에 엄정한 규칙을 가지고 움직이고 있었다.

퇴계 역시 평생을 눈에 보이지 않는 질서를 탐구했다. '만물에 있어 올바름이 리理'라는 신념 하나로 밤늦게까지 성리학의 깊은 학문을 탐구했다. 그것은 우주의 구조, 마음의 원리, 인간의 윤리에 관한 깊이 있는 학문이었다.

그리하여 그들의 학문은 도덕과 윤리를 넘어 영성을 지향하고 있었다. 그들이 말한 영성은 단지 사물과 대상을 경험적으로 판단하고 사유하는 표층적인 정신을 넘어선 것이었다. '자기중심적인 '나'를 초월하는 더 큰 힘을 말하는 것이며, 그 지극한 경지에서 존재의 바탕을 깊이 자각하는 심층의식'이었다. 그것은 우주의 거대한 에너지장, 그리고 높은 차원의 의식과 하나 되는 체험이었다.

표제(表題), '근원'에 관하여

꽃은 소리에 피지 않고, 깊은 에너지는 조급함에 반응하지 않는다. 꾸준히 노력하면, 그리고 인연이 무르익으면 '근원'에 도달할 수 있다.

이 글은 '근원'에 관한 연구이다. '근원Source'이란 무엇일까? 인간의 가장 깊은 마음, 심층에 관한 것이다. 또는 만물의 근원, 심층에 관한 것이다. 그 둘은 하나를 가리키며 연결되어 있다. 모든 것을 존재하게 만드는 심층 근원의 에너지장, 필드Field에 관한 이야기다.

많은 사람들이 이 '근원'을 이야기했다. 칸트는 내 가슴속에서 빛나는 '도덕법칙'이라고 했고, 퇴계는 하늘이 움직이는 형이상학적 질서, '리'理라고 했다. 양자역학은 그것을 제로 포인트 필드, 양자의식의 장場이라고 했다. 나는 그것과 우리가 사는 이 땅의 질서를 연결시켜보려 한다.

그래서 이 글은 '근원'과 표층을 대비시켰다. '근원'은 우리를 존재 가능하게 만드는 생명의 근원이며 존재의 근원이다.

언젠가는 돌아가고 싶은 진정한 마음의 본향이다. 이에 반해 표층은 우리가 현재 활동하는 바다 수면 위 육지에서의 삶이다. 우린 표층의식으로 활동하고 있지만, 우리 내면 깊은 곳 '심층의식'에는 늘 '근원'이 존재하고 우린 늘 그곳을 염원하여 잊지 못한다.

'근원' 호흡을 한번 생각해 보라. 우린 어머니의 자궁 속에서도 온몸으로 박동했다. 양자 진공 상태에서도 그 무엇이 있어 근원적인 에너지가 존재했던 것처럼 우리의 '근원' 에너지는 바탕에 '존재'한다.

이성과 논리가 압도하는 세상이다. 하지만 우린 직감적으로 알고 있다. 이성으로 설명할 수 없는 그 너머에, 논리만으론 설명할 수 없는 세계가 존재한다는 것을. 눈에 보이는 것만이 진실이라고 굳게 믿는 세상에서 우린 그 '근원'이라는 세계를 형상화할 수 있을까? 이름을 주고 패턴을 파악하여 분석의 기준으로 도입할 수 있을까? 그리하여 지극히 현실적인 정책학의 세계에서 하나의 이론 모형으로 정립할 수 있을까?

정책학으로 말하면, '근원'은 정책학의 존재론에 해당한다. 이건 존재의 차원이다. '정책은 왜 존재하고 누구를 위해 존재하는가?'에 대한 물음이며, '정말로 중요한 것은 무엇인가?'에 대한 물음이다. 단지 일을 빨리 효율적으로 처리하고 절차와 제도에 맞게 하는 것, 이러한 현실적인 요구를 넘어 좀 더 '근원적' 차원에서 우리에게 묻는 질문이다. 효율과 민주를 넘어 '근본적 성찰'이 필요한 까닭이다.

효율성과 성찰성에 관하여

표층과 심층을 대비시키니 효율성과 성찰성이 생각난다. 표층과 심층이 동전의 양면이듯 효율성과 성찰성도 그렇다. 진정한 효율성은 진정한 목적의식과 방향성, 즉 성찰성에 의해 담보된다.

현대 경영학의 구루, 피터 드러커Peter Ducker는 말했다. '성과가 없는 사람은 항상 무언가에 쫓기고 있다. 해야 할 일이 많고 시간은 부족하고 매일 바쁘게 움직인다. 그러나 정작 성과는 보이지 않는다. '왜일까?' 그들은 목적을 묻지 않는다. 사람들은 속도에 집착한다. 더 빨리, 더 많이, 더 자주. 하지만 나는 이렇게 묻는다. '당신은 지금 어디로 가고 있는가?"[1]

그 목적의식과 방향성에 대해 묻는 것, 그것이 '성찰성'이다. 정책은 왜 존재하고 누구를 위해 존재하는가? 그리고 지금 가장 절박한 것은 무엇인가? 그러한 심층적 질문을 던지고 답하고자 노력하는 것, 그것이 '성찰성'이다.

앞으로 세상은 점점 더 위험하고 각박한 격변의 시대로 들어갈 것이다. 기후변화, 대형재난, 기술경쟁, 경제적 위기 등이 그러하다. 이런 때일수록 정부는 바짝 정신을 차리고, 가난한 사람들의 삶, 절박하고 다급한 주민들의 생존적 요구에 민감하게 깨어 있어야 한다. 정부역량을 갖추고공급, 미리 준비하는 한편 주민들 요구의 우선순위를 파악하되수요, 긴밀하고 신속하게 상호 작용하면서 문제에 대처해야 한다상호작용.

존재론적 정책학의 뿌리를 찾아서

이러한 '깨어 있음'은 정책학의 존재론적 차원이다. 이는 정책의 내면적 기원과 형이상학적 기반에 해당하며, 마치 '보석, 내부의 왕좌, 이시스Isis의 싹'이라는 은유처럼, 이는 단지 상징이 아니라 정책의 존재론적 핵, 주체성의 확립, 창조성 구현을 의미한다. '보석'은 정책의 존재론적 핵이며, '내부의 왕좌'는 정책적 주체성의 확립이며, '이시스Isis의 싹'은 정책의 창조적 구현에 해당된다. 이를 존재론적 정책학으로 풀어내면 다음과 같다.

① 보석Jewel을 통한 존재의 핵, 심층의식, 정책의 내적 기원, 근본 윤리를 확립

② 내부의 왕좌Throne를 통한 정책의 성찰성과 정책결정자의 내면적 주체성을 확립

③ 이시스Isis의 싹을 통한 정책의 창조성과 생명성 회복

본서는 이러한 이론적 프레임과 '심층의식 – 성찰성 – 창조성'이라

는 키워드를 통해 새로운 형태의 존재론적ontological 정책학 연구를 탐색하게 될 것이다.

태초의 숨결

숨 쉬기 전,
나는 이미 뛰고 있었다.
세포는 빛처럼 갈라지고
심장은 고요한 북을 울렸다.

어머니의 물속,
말 없는 시간 속에서도
내 안의 우주는
쉼 없이 진동했다.

그것은 숨이 아니었다.
공기를 들이키지 않아도
나는 살아 있었다.
움직임, 리듬,
보이지 않는 어떤 힘.

텅 빈 것처럼 보이는
양자 진공조차
무수한 가능성으로 가득하듯,
내 존재 또한
침묵 속에서 충만했다.

생명이란
한 번의 호흡이 아니라,
존재 그 자체의 파동.
모든 것의 밑바닥에서
조용히, 그러나 확실히
울리고 있던
태초의 숨결.

나는 지금도
그 숨을 따라
살고 있다.

여는 글: 우리는 한 줄의 진동을 남긴다

북창北窓을 향해 비치는 꽃과 나무를 본다.
햇살이 일렁이며 살아 숨 쉰다. 빛이 퍼지면서 스펙트럼이 펼쳐진다.
연한 신록의 잎들이 햇살에 부딪친다.
무엇이 존재하기에 이 고운 빛깔을 보고 느끼는가?

우리는 한 줄의 진동을 남긴다. 그것은 우리 가슴속 깊은 에너지장에 새겨지는 기억처럼 영적 유산을 남긴다. 그 보이지 않는 유산은 우리의 에너지장의 깊은 진동 장場에 새겨진다. 칸트가 남긴 유산이 그랬다. 그는 보이지 않는 형이상학적 질서 속에서 도덕 법칙을 되새기고 그것이 개인의 삶에서 지켜질 수 있는 조건을 이야기했다. 퇴계 역시 그랬다. 그는 보이지 않는 형이상학적 질서 속에서 '리'理라고 하는 우주 법칙을 새기고 그것이 인간의 삶에서 지켜질 수 있는 조건을 말했다.

이제 시간이 많이 흘렀다. 지금은 형이상학적 질서에 대한 과학적 근거들이 밝혀지고 있다. 나는 본고에서 형이상학적 질서가 이

땅으로 내려와 사회과학적 법칙 속에 새겨질 수 있는 길에 대해서 모색하고자 한다. 표면적인 이해가 깊이를 압도하는 세상이지만, 사실 그 표면적 이해는 깊은 질서에 뿌리내리고 있음을 살펴봄으로써 형이상학에 기초한 형이하학의 질서를 정립하고자 한다.

과학과 영적 깨달음이 만나는 이 시대에 우리는 숨겨진 진실을 조금씩 알게 되었다. 하지만 이 발견은 단순한 생물학적 진실이 아니다. 우리는 물질을 넘어선 깊은 자각으로 초대받고 있다. 몸은 생명에너지가 흐르는 신성한 통로였으며, 우리는 신성한 존재가 육신을 입고 이 땅에 온 것처럼, 각 세포마다 각 숨결마다 심장박동마다 영적 떨림과 진동이 물결치고 있었다.

'근원'은 파동으로 연결되어 있었고, 그것은 내 마음의 심층 주파수와도 연결되어 있었다. 내 마음이 고요하고 텅 빈 에너지장이 될 때, 그리하여 진정 평화롭고 자유로울 때 높은 진동 주파수로 상승하고, 우린 그 근원과 연결될 수 있었다.

우리는 이 세계를 넘어 저 세계로 나아간다. 모양이 있는 물질을 넘어 무한한 파동의 빛의 세계로 나아가는 것이다. 지금은 이 세상과 저 세상 사이에 짙은 어둠이 드리워져 있지만, 언젠가는 그 어두운 장막도 밝게 걷히는 날이 오리라. 칠흑 같은 어둠으로 가려진 무지를 넘어 빛의 포털을 건너 그리고 마침내 빛과 생명의 바다로 나아갈 것이다.

낮은 질서와 높은 질서

양자역학에 따르면, 전자電子는 에너지를 흡수하면서 한 준위에서 다른 준위로 갑자기 도약할 수 있다. 인간 의식이나 학문 역시 그렇다.[2] 양자 도약, 패러다임의 전환이 그러한 것이다. 존재의 근원, 형이상학적 질서를 밝히고, 그것을 형이상학의 영역에만 머물게 하지 않고 형이하학의 세계로 가져올 수 있다면 학문은 한 단계 도약하게 될 것이다.

인간이 걸어야 할 길은 무엇이며, 그 완성으로 가는 지향점은 무엇인가? 그것은 존재의 근원과 어떻게 연결되어 있는가?

국가를 구성하는 원리는 무엇이며, 정부는 무엇을 위해 존재하는가?

세상에는 낮은 차원의 질서와 높은 차원의 질서가 있는데, 우리는 낮은 차원을 넘어 높은 차원의 꿈과 비전dream & vision을 향해 나아갈 것이다. 그래서 본서는 정책학이 추구해야 할 높은 차원의 법칙에 대해서 규명한다. 이를 위해 인간의 심층에 존재하는 '근원적' 의식을 규명하고, 그것과 연결된 존재의 법칙을 밝히고자 한다.

프롤로그: 존재의 근원과 정책 이념

당신은 “나는 누구인가”하고 진지하게 물어본 적이 있습니까?
당신이라는 존재는 과연 몸과 마음 그 자체일까요?
잠에서 막 깨어난 순간, 아직 이름도 역할도 기억나지 않을 때,
그 짧은 찰나에 존재하는 “나”는 누구입니까?

존재의 근원에는 빛이 존재한다. 그 빛은 본질적으로 알아차리는 의식이다. 이것은 외부에서 오는 빛이 아니며 내면에서 나오는 생명의 빛이다. 이처럼 존재의 근원을 파헤쳐 내려가다 보면 그 미세한 근원은 갑자기 거대한 우주로 통하게 된다. 그리고 그 연결 통로에는 우리의 심층의식이 있다.

우리는 때론 우리의 일상에서 뭔가 중요한 것이 빠진 것 같다고 느낀다. 아침에 일어나서 이게 아닌데, 뭔가 더 큰 것과 연결된 목적이 있는데 하고 느끼면서도 많은 사람들이 그걸 찾지 못해 방황한다.

우린 그 영적 목적과 사명을 우리의 깊은 영혼과의 연결을 통해 다시 되찾을 수 있다. 그 비결은 영적 떨림, 기도, 명상, 몰입을 통해 자신의 불안정한 에너지를 더 높은 차원의 에너지로 변환시키는 데 있다. 우주의 더 큰 힘에 대한 믿음과 신념을 가지고 앞으로 전진하면 된다. 영적 떨림과 진동 혹은 종교적 믿음과 헌신을 통해 그 텅 빈 근원적 에너지장場에 접근할 수 있고, 우린 그 고요한 마음에서 참된 지혜를 얻을 수 있다.

과학적 근거

과학적 근거가 있다. 양자 역학이 그 일을 해냈다. 모든 물질을 제거한 텅 빈 진공 상태에서도 움직이는 에너지장場을 발견한 것이다. 모든 물질의 근본 입자building block를 찾아 끝까지 가 보니 결국 알갱이는 사라지고 텅 빈 에너지장場만 남았던 것이다. 그것은 파동 에너지였으며, 매순간 변화하면서 지속되는 생명 의식의 흐름이었다. 그것은 의식이었고 근원적인 알아차림이었다. 서로 연결되고 서로 상호 작용하며 끌어당기고 있었다. 그 바탕의 장場에는 보이지 않는 힘이 작용하고 있었던 것이다.

그 엄청난 힘은 나를 인식하는 가장 깊은 '자기 인식Self-awareness의 장場' 이었다 그리고 그것은 내 마음의 심층의식과 연결되어 있었다. 나의 가장 깊은 내면은 우주의 힘과 연결되어 있었던 것이다. 그래서 우리는 그 근원을 그리워한다. 그 근원에서 샘솟는 끝없는 사랑을 갈망하고 우리가 원래 온 그 마음의 고향本鄕을 그리워하는 것이다.

무엇이 존재하기에 우리는 현상을 경험하는가? 몸 이전에 그 무엇이 있어 이 모든 경험을 가능하게 하는가? 모든 경험은 '나는 있다'는 감각, 존재의 생생한 느낌과 동시에 시작된다.

개인적 깨어남에서 정책 철학으로

이와 같은 '근원'에 관한 주제는 그동안 정책학과는 별개로 치부되었다. 그것은 형이상학의 영역이었기 때문이다. 하지만 이제는 과학이 발달하여 형이상학의 세계를 매우 분명하게 밝히고 있다. '양자장量子場'이라고 불리는 그 형이상학적 세계 속의 질서들이 낱낱이 밝혀지고 있다. 그 속에 존재하는 일관된 법칙과 패턴들이 제시되고 있다. 가령, 존재의 근원이란 무엇인가? 그 알 수 없는 곳에서는 왜 물리의 법칙을 넘어선 거대한 힘이 작용하고 있는가? 우리는 왜 근원에 끌리며, 그러한 양자 얽힘은 어떤 방식으로 작동되는가? 이러한 질문에 양자역학은 명확한 증거들을 제시하고 있다.

정책학은 인간의 존엄성을 선언한 학문이다. 단순한 기술적 관리적 영역과는 다른데, 이는 곧 가치와 영성, 시대적 소명을 묻는 학문인 것이다. 따라서 정책학은 낮은 관리적 영역을 넘어 인간 존재의 본질을 묻는 학문이어야 한다. 정책을 다루는 지도자 역시도 시대의 흐름에 순응하지 않고 깊은 영적 윤리성과 존재적 불편함을 감내하며 시대를 주도할 수 있는 사람이어야 한다. 때론 직감적으로 시대가 요구하는 '세미한 소리'를 들을 수 있어야 하며, 심층의식에서 호출하는 직관과 영적 통찰에도 밝은 인물이 필요하다. 말하자면, '비판적 성찰자critical reflectioner' 혹은 '정신적 실천가spiritual practitioner'가 필요한 것이다.

눈에 보이지 않는 것과 정책 이념

우리가 사는 물질세상은 가시파장으로 이루어진 무거운 세계이다. 하지만 우리를 둘러싸고 있는 더 크고 높은 차원이 있다. 그것은 높은 파동의 주파수로 이루어진 양자장의 세계이다. 무한미지, 감마선, X선, 자외선, 적외선, 헤르츠 등 다양한 차원에서 보이지 않는 질서가 존재하고 있다. 이러한 보이지 않는 차원에서의 심층 에너지장 마음의 場에서의 다양한 정보가 씨앗이 되어 일정한 여건이 성숙되면 보이는 세상물질의 場의 결과로 나타나게 되는 것이다.

이처럼 우리가 사는 세상에는 두 개의 선이 양립하고 있다.[3] 보이는 세계형이하학과 보이지 않는 세계형이상학이 그것이다. 우리는 보이는 세계를 중심으로 살아가고 있지만, 그 이면에는 사실상 보이지 않는 원칙과 질서가 존재한다. 우리는 물리법칙이 존재하는 현상계의 세계물질의 場을 살아가고 있지만, 그 이면에는 물리 현상 이면에 존재하는 양자들의 파동이 보이지 않는 법칙과 질서마음의 場을 이루며 선행하고 있다.

세상에는 눈에 보이는 것과 보이지 않는 것이 있다. 인간의 눈으로 지각할 수 있는 보통의 빛을 가시광선이라고 한다. 그 가시광선의 범위는 약 380~780nmnanometer이며, 그보다 길거나 짧은 광선은 우리 시선에 잡히지 않는다. 하지만 엄연히 존재한다.

그림 가시광선의 범위: 눈에 보이는 세상

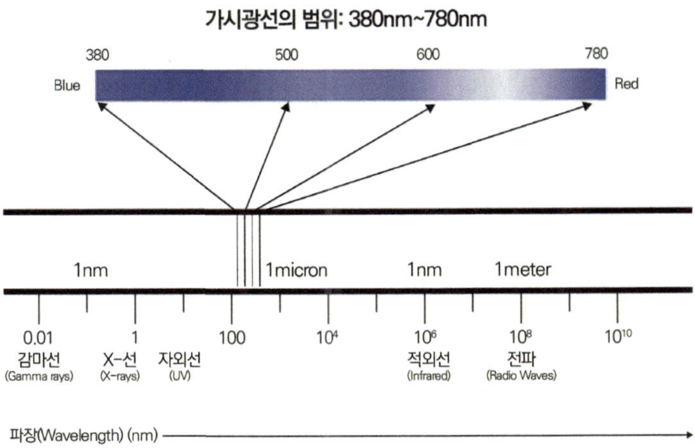

사회과학에서도 마찬가지이다. 행정학은 그동안 효율성과 민주성 중심의 패러다임이었다. 효율성과 민주성은 물질이나 절차, 그리고 제도와 관련된 것들이다. 즉, 경제학의 효율성과 정치학의 민주성이 순환적으로 전개되면서, 행정이론의 역사, 말하자면, 정치행정 이원론, 일원론, 새 이원론, 새 일원론, 신행정학, 신공공관리, 뉴거버넌스 등이 펼쳐져 왔다.

눈에 보이는 효율성, 제도로서의 민주성을 넘어 보이지 않는 높은 단계의 가치는 무엇일까? 그것을 정책학 이론에 본격적으로 도입할 수는 없을까?

현대는 불확실성으로 가득 차 있으며, 기존의 정상적인 시스템들이 하루아침에 붕괴되는 일들이 빈번하게 발생하고 있다. 기후변화가 심각해지면서 최근에는 지진, 홍수, 가뭄, 화산 폭발 등 대규모 재난이 하루가 멀다 하고 발생하고 있다. 국제정치적 위기로 인해 경제적 불확실성도 더 커지고 있다.

인간이 인간으로서 존재하는 이유는 무엇인가? 그 존재의 근원에 대한 자각自覺이 일어나지 않으면, 제도적이고 기술적인 대응만으로는 최근 일어나고 있는 복잡한 문제wicked & complex problem들을 해결할 수 없다.

이런 관점에서 새로운 정책 패러다임을 제안하고자 한다. 그것은 다름 아닌 존재론적 정책학이다.

존재론적 정책학의 탄생

존재론적 정책학이란 정책을 단지 행위action나 제도institution의 문제로 보지 않고, 존재being의 방식, 삶의 구조, 심층의식의 질적 흐름으로 깊이 있게 이해한다. 일 처리의 효율성이나 절차의 민주성을 넘어 근원을 분석함으로써 정책 문제의 본질에 다가가려는 시도인 것이다.

정책학은 단순한 기술적 예측을 넘어 인간 존재의 목적을 반영한 정책을 구상해야 한다. 정책은 단순한 행정이 아니라 존재론적 성찰이며, 인간과 세계에 대한 통찰적 비전이다.

전통적인 정책학은 1) 문제를 기술적·제도적 대상으로 다루고, 2) 객관적·합리적 해결을 중시하며, 3) 인간 주체를 수단적 행위자로 간주했다. 그러나 오늘날의 위기들 — 예: 기후변화, 사회적 분열, 영적 공허 — 은 다음의 특성을 지닌다. 1) 복잡하고 얽혀 있으며wicked & complex, 2) 가치기반이며, 3) 인간 존재의 근원적 변화를 요구하는 것이다.

이에 존재론적 정책학은 다음 세 가지 근원적 질문을 던진다.

① 정책은 누구를 위한 것인가?
② 정책 결정자는 어떤 신념과 가치를 가져야 하는가?
③ 정책의 존재론적 가치는 무엇인가?

지금 세계는 거대한 변동의 전환기를 지나고 있다. 이러한 격변의 시대에, 이 글은 정책의 근원 및 존재론적 가치를 탐구하고, 그것을 현상세계에서 펼쳐지는 정부의 행동 원리와 연결하고자 한다.

제1장

칸트처럼, 퇴계처럼

Deep Theory

Deep Theory

칸트와 퇴계

칸트 이전의 모든 철학은 칸트에게로 흘러 들어가고,
칸트 이후의 모든 철학은 칸트로부터 흘러나온다.

세상이 주는 고단함이나 시련에 힘들어질 때면 위대한 철학자 칸트를 떠올린다. 그분이 살아갔던 그 삶의 엄정함과 규칙, 그리고 거기에서 나오는 단순함과 명쾌함, 그리고 심오함이 나를 숙연하게 만들기 때문이다.

마찬가지로 나는 조선의 위대한 철학자 퇴계를 떠올린다. 그는 새벽 일찍 일어나 몸을 단정히 하고 글을 읽었다. 손님을 맞이하거나 제자를 가르칠 때를 제외하고는 밤늦게까지 성리학의 깊은 학문을 탐구했다. 우주의 구조, 마음의 원리, 인간의 윤리에 관한 깊이 있는 학문이었다.[1]

칸트는 평생을 눈에 보이지 않는 질서를 탐구했다. 어릴 적부터 엄마의 손을 잡고 밤하늘의 은하수를 바라보면서 저 반짝이는 별들의 세계에 존재하는 보이지 않는 패턴에 대해 궁금해 했다. 그의 눈에 그들은 명확한 원리하에 엄정한 규칙을 가지고 움직이고 있었다. 마찬가지로 우리 내면의 이성의 법칙도 저 하늘의 별들처럼 명확한 원리와 규칙 하에 움직이고 있었다. 내 가슴속에서 빛나는 도덕법칙은 인간이라면 누구나 추론할 수 있고 도달할 수 있는 세계였다. 인간이 선한 의지만 가진다면 누구나 도달할 수 있는 높은 차원의 의식이었다.

그의 묘비명에는 다음과 같은 문구가 있다. '생각하면 할수록 놀라움을 주는 두 가지가 있으니, 하나는 저 높은 하늘에서 항상 반짝이는 별이며, 다른 하나는 나를 항상 지켜주는 빛나는 도덕법칙이다.' 엄정함의 승리!

퇴계 역시 평생을 눈에 보이지 않는 질서를 탐구했다. 12살 때 스승인 숙부 송제공松齊公에게 물었다. "스승님, 하늘의 세계를 움직이는 '리'理란 무엇입니까?" 그로부터 형이상학의 세계의 질서를 의미하는 '리'理는 평생 퇴계의 학문적 화두가 되었다.

퇴계 역시 한 인간으로서 실존적 불안을 느낀 적도 있었고, '존재와 시간'의 유한함에서 오는 근원적 한계를 느낀 적도 있었지만, 그는 매사에 성실함誠과 경건함敬을 통해 이를 극복해 나갔다. 굳이 말하자면, 퇴계에게 초월자는 하늘上帝이었고, 그의 경천敬天 의식은 단순한 이성과 지성의 틀을 넘어서고 있었다.[2]

퇴계는 경敬의 중요성을 강조했다. 경敬이란 마음을 한곳에 두는 일이다. 산만한 마음, 흔들리는 감정, 사리사욕에 흔들리는 뜻, 그 모든 것을 가라앉히고 마음을 한 점에 모아 스스로를 비추는 일, 그것이야말로 진정한 공부의 시작이라 여겼다. 그의 책상 위엔 항상 『대학』과 『심경』이 놓여 있었고, 그의 붓 끝에선 항상 '도리'와 '성찰'이 흘러 나왔다.

칸트와 퇴계의 학문은 도덕과 윤리를 넘어 영성을 지향하고 있었다. 그들이 말한 영성은 단지 사물과 대상을 경험적으로 판단하고 사유하는 표층적인 정신을 넘어서 있었다. 논리와 이성에서 발현되는 도덕과 윤리의 철학을 넘어서 있었다. 그것은 '자기중심적인 '나'를 초월하는 더 큰 힘이었으며, 그 지극한 경지에서 존재의 바탕을 깊이 자각하는 심층의식'[3]이었다.

그것은 또한 우주적 의식의 체험에 관한 것이며, '보이지 않는 차원과 신비'에 해당하는 가장 순수하고 심층적인 체험에 관한 것이었다. 우주의 거대한 에너지장, 그리고 높은 차원의 의식과 하나 되는 체험이었다.

도덕법칙과 '리'(理)

퇴계는 조선 성리학을 깊이 있게 완성시킨 학문의 거장이었을 뿐 아니라 몸과 마음을 수양하여 그 스스로 높은 차원의 철학을 이루었다.

칸트가 우주의 도덕법칙을 탐구했다면 퇴계는 우주의 근본원리, '리'理를 탐구했다. 퇴계에게 '리'理란 우주의 법칙이며, 근본 원리였다. 플라톤이 이데아IDEA라고 불렀던 바로 그 '리'理는, 춘하추동 어김없이 돌아가는 하늘의 근본 원리였다. 그것은 또한 사람이 본받아야 할 인의예지仁義禮智였다. 마음의 텅 빈 근원적 자리는 늘 고요하고 깨어있는 불변의 실체로 자리 잡고 있었다. 그리하여 그는 허령지각虛靈知覺을 강조했다.

퇴계에게 기氣란 인간의 낮은 차원의 기질이며, 인간의 욕망과 같은 것이었다. 그리하여 그는 '리'理와 기氣가 동일한 근원을 가진다고 보기 어려웠다. 그의 표현처럼, '리'理와 기氣는 겸상兼床을 차릴 수 없었다. 인간 욕망은 희로애락과 같은 인간의 거친 감정을 의미하며, 이러한 낮은 차원의 기질은 성스런 마음인 경敬을 통해 다듬어져야 하며, 이러한 학문과 수양을 통해 높은 차원의 '리'理는 구현될 수 있는 것이었다.

칸트나 퇴계는 모두 걷기를 통해 자연과 대화했다. 그들의 공부법은 생각을 내려놓고 텅 빈 마음이 되어 이성 너머에 존재하는 직관으로 들어가는 것이었다. 단순한 생각과 분별을 내려놓고 텅 빈 직관으로 들어가는 것이었다. 그곳에서 그들은 대우주를 만났다. 대우주의 영적 진동 속에서 깊은 울림을 발견했으며, 깊은 에너지장에 새겨진 근본 법칙을 발견했다. 그것은 떨림과 진동, 경외심으로 나타났으며, 때로는 말할 수 없는 기쁨으로 고양되었다.

우리 마음의 근저에는 마음의 자기 인식 능력이 있다. 그것은 우주 전체를 조망하면서도 자기를 인식할 수 있는 절대적 능력이다. '마음이 마음을 안다.'라고 했을 때의 그 능력이며, 고요하고 텅 빈 가운데 신령스럽게 아는 심층 차원의 마음이다.

그것은 경험적 자료나 대상 없이도 선험적으로 인식할 수 있는 마음의 자기지自己知, 自己認識性이다.

퇴계, 정지운, 기대승

어느 날 조선의 유학자 정지운이 퇴계를 찾아왔다. “제가 『천명도설』이라는 책을 지었는데, 한번 봐 주시겠습니까? ‘리’理에서 ‘사단’仁義禮智이 발현되고, ‘기’氣에서 ‘칠정’喜怒哀懼愛惡慾이 발현된다고 표현하면 되겠습니까?”

퇴계는 한참을 검토한 후에 답했다. “‘사단’仁義禮智은 ‘리’理가 발현된 것이고, ‘칠정’喜怒哀懼愛惡慾은 ‘기’氣가 발현된 것이라고 고치면 더 좋겠습니다.”10페이지 <그림 1-1> 왼쪽 위 참조

이를 본 젊은 유학자 기대승이 퇴계에게 서신을 올렸다. “그렇게 되면, ‘리’理와 ‘기’氣는 마치 동떨어진 것이 되는데, 어떻게 ‘리’理가 ‘기’氣에서 따로 분리될 수 있습니까? 도덕 감정에 해당하는 ‘리’理는 일반 감정인 ‘기’氣의 부분집합입니다.”<그림 1-1> 오른쪽 참조

퇴계가 답했다. “일견 타당한 지적입니다. 하지만 나는 동의할 수 없습니다. ‘기’氣는 사람들의 일반적인 거친 감정인데, 고결하고 높

은 감정인 '리'理가 어떻게 낮은 감정과 하나일 수 있습니까? '리'理와 '기'氣는 겸상兼床할 수 없습니다." 이런 논조로 퇴계와 기대승은 무려 8년에 걸친 서신을 통해 논쟁을 펼쳤지만, 끝내 접점을 찾지 못했다.

기대승은 도덕 감정이 일반 감정의 부분 집합임을 주장했고, 퇴계는 그 둘이 동일한 바탕일 수 없다고 한 것이다. 누가 옳았던 것일까?

누가 옳고 그름을 떠나 이제 많은 시간이 흐른 지금, 나는 이 논쟁을 그림 하나로 정리할 수 있다. 그 답은 다음 장의 <그림 1-1> 왼쪽 아래에 있다. 즉, 입체적으로 표현하면 해결되는 것이다. '기'氣생명 에너지는 바탕에 흐르고, '리'理(도덕 감정)는 높은 차원에 존재한다. 이 둘은 차원과 에너지가 다르다. '기'氣는 선도 악도 아니며可善可惡, '리'理는 선하고 고결한 감정이다純善無惡. 그러니 둘은 차원을 달리하는 것이다. 따라서 입체로 표현하면 해결되는 것다. 입체적으로 높이가 다르니 둘은 같은 것도 아니며, 또한 연결되어 있으니 완전히 다른 것이라고도 말할 수 없다主理論的 一元論.

양자역학의 도움을 받으면 쉽게 이해할 수 있다. 양자역학은 말한다. 우주 만물의 근원에는 아원자 입자subatomic particles들이 흐르고 있다. 이들은 본질적으로 빛이며 파동이며 에너지이다. 근원에서는 서로 연결되고 스며들어 있으며 끌어당긴다. 이를 양자물리학에서는 제로 포인트 필드zero point field라고 부른다.

세상은 '에너지, 파동, 주파수'energy, vibration, frequency 세 단어로 요약할 수 있다. 낮은 파동과 높은 파동, 낮은 주파수와 높은 주파수,

낮은 에너지와 높은 에너지가 있을 뿐이다. 낮은 데서 높은 데로 가려면 교육, 수양, 훈련이 필요하다.

불교에서는 이러한 구분을 제6식과 제8식이라고 불렀다. 제6식이 사람들의 보편적인 계산과 분별의 이성이라면, 제8식은 높은 차원에서 발현되는 고결한 감정, 사랑과 자비, 지혜이다.

이러한 발견이 이 책의 주요 주제이다. 지금까지의 정책학에서도 전통적인 효율이나 제도적 장치를 주로 논했다면, 앞으로의 정책학에는 높은 단계의 논리와 분석이 필요하다. '효율과 민주'를 넘어 '성찰'로 가야 하는 까닭이며, '전통적 정책학'을 넘어 '존재론적 정책학'을 지향해야 하는 까닭이다. 독자들도 만약 이러한 두 개념, 즉 일반적인 논리와 높은 단계의 논리를 구분한다면, 이 책의 구조가 보다 분명하게 다가올 것이다.

그림 1-1 리(理)와 기(氣), 사단과 칠정은 차원과 에너지가 다르다

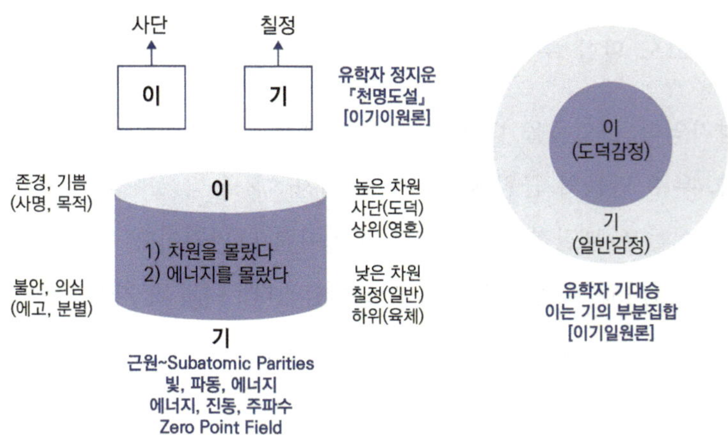

제6식 vs 제8식

불교에서는 이 문제를 제6식과 제8식으로 정리했다. 제6식은 계산식이요 분별식이니 우리 두뇌에 한정된 이성이다. 제8식은 거대한 힘이요 지성이니 심층의식이며 초월의식이다. 하지만 초월이라고 해서 우리 밖에 있는 것은 아니다. 우리 내면에 있다. 우리 내면과 연결된 크고 밝은 우주적 광명이며大圓鏡智, 인간의 생각과 분별을 넘어선 지혜이다. 불성아뢰야식이며 근원의식이다.

이러한 영성적 지혜는 양자물리학의 발견과도 일치한다. 모든 물질을 쪼개고 쪼개서 깊이 들어가면 최종 단계에서는 미립자微粒子, 아원자亞元子라고 불리는 최소 단위로 들어가는데, 이러한 입자들은 하나의 파동 에너지장場을 형성하고 있다. 그 심층 미시세계는 다시 우주로 통하는 포털이며, 그것은 내 마음의 가장 깊은 곳과 연결되어 있다.

우리는 더 큰 의식으로 사유하고, 더 깊은 의식으로부터 영감을 받는다. 이것은 거대한 힘과 지성인데, 이러한 심층적인 지혜는 제8식으로 인해 가능하다. 그것은 심층의 고요하고 텅 빈 그러나 밝은 의식으로 가득 찬 에너지장으로부터 오는 것이다. <그림 1-2> 참조

그림 1-2 제6식과 제8식의 비교

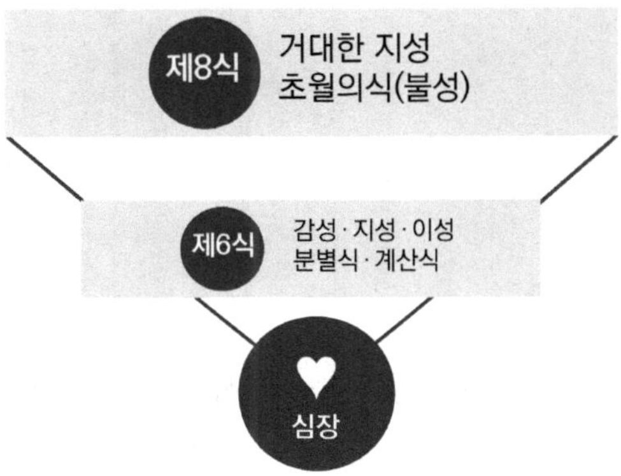

제6식에서 제8식으로 건너가기

우리의 목표는 제6식에서 제8식으로 건너가기이다. 제6식은 생각과 분별의 표층의식을 말하며, 끝없이 수다를 떠는 좌뇌 중심의 사고이다. 제6식이 고요해지고 텅 빌 때 우린 제8식으로 들어간다. 제8식은 고요하고 텅 빈 알아차림, 심층의식을 말한다.

제6식에서 제8식으로 건너가는 비결은 일단 '고요해지기'이다.[4] 고요한 집중, 고요하고 텅 빈 몰입, 고요하고 텅 비어 있으면서도 밝은 알아차림이 그 비법이다. 출발점은 '고요'stillness와 '텅 빔'emptiness이다. 좌뇌의 온갖 의심과 불안, 수다와 걱정이 고요하고 텅 비어질 때, 우린 심층의식으로 들어간다. 잠재의식－무의식－심층의식은 하나의 연결된 통로이며, 여기서 우리는 우리의 영혼의 절대성을 만난다.

칼 융은 '적극적 상상'Active Imagination을 통해 제8식에 도달할 수 있다고 하며, 칙센트 미하이는 '몰입'을 통해, 그리고 지눌은 '공적영지'를 통해 제8식으로 건너갈 수 있다고 말했다. 그것은 모두 '의식의 절대성'True Self에 도달하게 해 준다.

내면에 존재하는 밝은 빛

칸트와 퇴계는 내면에 존재하는 밝은 빛을 발견했다. 고요하고 텅 빈 자리, 그리고 그곳에 밝고 신령스러운 빛이 존재하고 있었다. 그런데 그 빛은 의식이었으며 밝은 알아차림이었다. 만상만물이 고요한 가운데 텅 빈 에너지장, 그곳에 밝은 신성이 존재하고 있었다. 그것은 제6식을 넘어 심층 아뢰야식에 존재하고 있었으며, 인간의 분별과 판단, 이성과 사고의 층을 넘어서 있었다.

우리 내면의 이성과 사고, 분석과 판단의 경계를 넘어 섬광처럼 번뜩이는 알아차림은 과연 무엇일까? 그 깊은 알아차림과 신성의 빛은 무엇일까? 칸트는 그것을 무엇이라고 했을까?

그것은 단순한 인식과 직관이 아니다. 우연의 일치와 발견Serendipity도 아니다. 인간이면 모두 심층 내면에 공통으로 존재하고 있는 심층의식이다.

심층의식은 다양한 차원으로 이루어져 있다. 높은 차원일수록 높은 주파수로 진동한다. 형이하학의 세계와 이를 넘어선 형이상학의 세계는 높은 차원의 '빛과 생명'으로 파동 친다.

우리가 '죽음'이라고 부르는 사건도 사실은 '포털portal 이동하기'이다. 양자 파동의 전이轉移이다. 양자 수준에서 보면 '죽음'이란 존재하지 않는다. 오직 중요한 것은 '진동 주파수 올리기'이다. 진동 주파수가 올라가면 신성한 빛의 입자들이 더 많이 내 몸에 들어오므로 맑고 가벼워지며 포털의 관문關門을 쉽게 통과할 수 있다.

우리가 이 생을 잘 살아야하는 이유, 더 깊은 심층의식에 도달해야 하는 이유, 더 높은 의식의 진동 상태를 성취해야 하는 이유도 모두 본질적으로는 '빛의 포털'portal을 통과하여 높은 차원의 의식을 실현하기 위함이다.

제 '깨어 있음'은 의식이 '깨어 있는' 것이다.

우린 아침에 잠에서 깨면 '깨어 있다'고 한다. 하지만 진정 깨어 있음은 잠에서 깨어나는 걸 뜻하지 않는다. 낮에도 늘 하던 방식으로 자동적인 반응autopilot을 보이는 것은 '의식적으로' 깨어 있는 것이 아니다. 낮에 또 다른 형태의 꿈을 꾸고 있는 것이다. '깨어 있음'은 육체가 잠에서 깨어난 게 아니라 의식이 무의식 프로그램에서 깨어나는 것이다.

현대 심리학도 '대상을 상대로 한 깨어 있음識'만을 다루지 '대상이 없는 깨어 있음覺'은 규정하지 않는다.5 '대상이 없는 깨어 있음, 각覺'이란 나와 너를 전제한 깨어 있음이 아니라 심층의식에서 주체와 객체도 없는 상태에서의 깊은 깨어 있음이다.

심층의식은 늘 '깨어 있다.' 하지만 우린 바쁜 일상에서 우리의 심층의식을 잊고 산다. 늘 해야 하는 일, 가족과 사회로부터 부과된 책임을 짊어지느라 정작 내 몸의 깊은 내면은 인식하지도 못한 채 살아간다.

그러다가 우연한 계기에 문득 깨어나면 내 삶에서 무엇이 더 중요한지를 깨닫게 된다. 내 삶에서 일어나는 작은 것들이 새삼 눈에 들어온다. 내 삶이 소중하고 몸이 고맙고 주변이 감사하다. 몸은 가볍고 마음은 맑아지며 가슴은 평화로워진다. 바람이 감미롭고 풀벌레 소리가 정겹다.

몸과 마음을 넘어 심층 에너지장場이 깨어나면 삶을 바라보는 시각이 달라진다. 이젠 열정, 끌림, 떨림, 진동, 설렘이 중요하게 다가온다. 떨림에서부터 말로 표현할 수 없는 내면의 기쁨으로까지 고양된다. 내면의 심층 에너지를 감지하게 되고 직관이 빠르게 증가한다. 자신의 진동 주파수가 고조되는 것이다. 명료함과 평화, 삶의 활력이 올라가고 높은 파동의 삶을 살게 된다.

빛의 포털 통과하기

모든 생명 속에는 실현되기를 바라는 욕망이 있다.
올챙이는 개구리가 되어가고 번데기는 나비가 되어가고
손상된 인간은 온전한 인간이 되어 간다. 그것이 영성이다.6

우리는 영적 상승을 이루는 과정에서 몸을 정화하고 맑고 가벼운 몸을 만들게 된다. 그것은 높은 의식의 진동 상태로 들어가는 것이다. 티벳 불교에서는 우리 몸이 세 겹으로 이루어져 있다고 본다. 물질로 이루어진 육체, 에너지 몸, 빛의 몸이 그것이다. 그건 다시 욕망으로 이루어진 욕계慾界, 색계色界, 무색계無色界에 상응한다. 거친 물질적 욕망을 극복하고 마음을 닦아 수행한 사람은 마침내 빛과 생명의 바다에 합일한다.7

우리의 목표는 딱딱하고 경직된 몸에서 빛나고 유연한 빛의 몸 light body으로 변하는 것이다.8 빛의 몸이 된다는 것은 고요함과 텅 빔 속에서 자신의 감정을 정화함으로써 내면의 심층 에너지 층으로 점점 더 깊이 들어가는 것이다. 그렇게 함으로써 높은 진동 주파수로 변해 간다. 높은 차원의 알아차림이 되어가는 것이다.

자신을 진정으로 내려놓으면 맑고 밝은 진동수로 들어갈 수 있다. 그럴 때 우리는 높은 의식의 진동 상태를 이루며, 형이하학과 형이상학의 경계선마저 넘어설 수 있다. 그 경계선은 이 세계와 저 세계를 가로막고 있는 어둠의 장막이며, 우리에게 가짜 '죽음'을 믿게 만드는 두려움과 무지의 장막이다. 모든 진실이 밝게 드러나는 날, 우리는 진정 우리가 누구였는지를 기억하게 될 것이다. '망각의 강river of Lethe'을 넘어서고 죽음의 장막을 벗길 수 있으리라. 우리는 마침내 '아미타의 빛,' '빛과 생명의 바다'에 합일하게 될 것이다.

변성의식altered state of consciousness 상태에 대해서 알아두면 도움이 될 것이다. 알파파α에서 세타파θ의 경계선에 있는 이 의식 상태는 고도의 집중, 몰입, 명상을 통해 들어가는데, 이는 우리의 일상 의식과는 다른 변형된 의식 상태이다. 이는 영혼으로 들어가는 관문이며, 차원계의 문을 여는 중요한 지점이다. 우리 내면의 무의식과 심층의식으로 들어가는 빛의 포탈portal of light, 혹은 관문이라고 표현해도 될 것이다.

우리가 공부를 해서 이 상태에 익숙해지면, 자신이 진정 누구인지, 자신의 진정한 소명과 목적의식이 무엇인지에 대해 분명한 자각이 일어난다. 자연 속으로 자주 들어가 일정한 시간을 보내라. 이완된 상태를 갖되 그렇다고 너무 느슨하거나 혼침昏沈에 빠지지 마라. 깨어 있되 그렇다고 너무 긴장된 상태도 좋지 않다. 음양陰陽의 경계선을 초월한 상태. 인도의 성자 라마나 마하리쉬는 이를 투리야turiya, 투리야티타turiyatita라고 표현했다. 꿈, 깊은 잠, 잠에서 깬 우리 일상의 의식 상태를 넘어선 제4의 의식 상태라는 것이다.

나를 둘러싼 둥근 입체적 형태의 빛나는 에너지장場을 상상해 보라. 내 마음이 고요하고 편안할 때 그리고 텅 비어 있을 때 우린 들어갈 수 있다. 그곳은 우리의 일상적 상태보다는 차원이 높은 곳이다. 그곳은 더 높은 주파수로 진동하고 있다.

고요함, 텅 빔, 밝은 알아차림이 키워드이다. 그건 시간, 공간, 사건을 내려놓고 이 빛의 포털portal로 들어갈 수 있게 해 준다. 그 빛의 포털portal은 입체적 필드field이며, 높은 차원으로 진동하고 있다. 필드field는 입자particle를 지배한다.9

지금까지 우리는 인간이 직면하는 형이상학적 질서에 대해서 검토해 보았다. 그것은 눈에 보이진 않지만 우리 내면의 심층의식과 연결되어 있었다. 그 세계는 양자와 파동으로 연결되어 온갖 정보와 기회들로 가득 찬 주파수의 영역이면서 동시에 인간의 현재의식에 중요한 영향을 미치고 있었다. 형이상학의 세계는 형이하학의 세계와 연결되어 있었다. 그 세계의 종자種子들이 정보가 되어 현상계의 결과로 나타나고, 현상계의 행위들은 다시 그 세계의 정보로 저장되는 등 순환의 역사는 반복되고 있었다. 이것은 현상학을 규명하는 사회과학에서도 매우 중요하게 다루어져야 할 명제이다.

인간의 존엄성에 대한 재고再考

'인간의 존엄성'이라는 단어의 높은 추상성으로 인해, 이는 때론 선언적 의미에 그친 것으로 받아들여진다. '요즘처럼 어려운 경제 현실 속에서 민생과 경제가 우선이지 무슨 인간의 존엄성이야? 그건 너무 추상성이 높아 현실성이 없잖아.' 등과 같은 반응에서도 읽을 수 있듯이 인간의 존엄성은 그저 선언적 의미로 받아들여지고 있는 수준이다.

하지만 라스웰H. Lasswell이 정책학이라는 새로운 학문을 열 때 인간의 존엄성이 충실히 구현되는 독창적 학문적 패러다임을 기대하고 구상한 것이라면, 오늘날 정책학이 과연 그 목적론적 체계에 충실히 부합되고 있는지 고민해 보아야 한다.

인간의 욕구는 다양한 단계성을 지닌다. 매슬로A. Maslow1954가 『동기와 성격Motivation and Personality』에서 제시했듯, '생리적 욕구', '안전적 욕구', '사회적 욕구', '자기존중', '자아실현' 등이다. 그 이후 욕구5단계 이론은 보완되었는데, 자아실현 욕구를 세 가지 상위 수준의 욕구로 나누어 '지적 성취', '심미적 이해', '초월적 욕구' 등이 추가되었다. 이는 곧 인간 정신이 높은 단계에 이르면 인식적·심미적·초월적 욕구와 같은 정신적 창조성을 추구하게 됨을 의미한다. 말하자면, 인권, 정의, 존엄과 같은 가치는 인간의 최상위적 품격에 해당하는 위상을 지니는 것이다.

인간 존엄의 근원

존엄의 사전적 의미는 '인물이나 지위 따위가 감히 범할 수 없을 정도로 높고 엄숙함'이다.

존엄의 근원은 인간이 인간 자체를 사유할 수 있는 그 정신의 순수성으로부터 온다. 주체가 객체로서의 사물을 상대하지 않고 주체가 주체를, 내면이 내면을 오롯이 성찰한다는 것은 깊은 정신적 열매이다. 성찰성의 인식론적 근원은 이처럼 신의 마음을 본질에 뿌리 내린[10] 인간 정신의 고유한 존엄에서 출발하고 있는 것이다.

개인이나 공공의 삶은 보편적 지혜에 따라 이루어져야 하며, 인간은 지혜와 미덕의 성장을 통해 더 나은 세계로 나아간다. 그리고 이러한 노력을 통해 우리 사회가 낮은 차원에서 더 높은 차원의 질서를 만들어 갈 수 있다는 믿음은 인류의 오래된 지혜였다.

정책학의 최종 목표는 인간의 존엄성 실현이다. 인간의 존엄을 실현함으로써 높은 차원의 사회 질서를 구현하고자 하는 것이 정책학의 정신이다.

인간은 정치적 자유, 경제적 공리를 넘어서 공동체와 미래의 선을 추구하는 존재이다. 그러면서도 상호 신뢰를 통해 정이 넘치고 성숙한 공동체를 지향해 나가는 존재이다. 인간은 단순히 법과 절차만을 지키는 제도적 존재는 아니며, 그 위에 더 높은 정신적 질서와 차원이 있다. 그것은 우리 내면의 정신적 질서로 잠재되어 있다가 외부로 표현될 때는 사랑, 정의, 예절, 지혜로 나타난다.

인간 내면의 질서에 낮은 차원과 함께 높은 차원이 있듯이, 정책학에도 낮은 차원과 높은 차원의 질서가 있다.

그렇다면, 우리는 어떻게 인간의 원리를 보다 높은 차원에서 구현해 나갈 수 있을 것인가? 법과 제도에 기초한 라스웰H. Lasswell의 민주주의 정책학을 넘어 사랑과 인간애에 기초한 성찰적 정책학을 어떻게 발전시킬 수 있을 것인가?

그러려면, 민주주의의 가치를 확인해 나가면서 인간을 인간답게 해 주는 성찰성과 같은 이념적 기반을 만들어 나가야 하는데, 나와 남이 하나가 되고 열린 성찰의 시대를 열기 위해 정책학은 어떤 노력과 학문적 패러다임을 만들어 나가야 할 것인가?

제2장

정책학의 새로운 이론

Deep Theory

Deep Theory

ACADEMIC PUZZLE

이제 본격적으로 행정학과 정책학 얘기를 시작해 보자.

학부에서 처음 행정학을 배울 때 행정이념의 역사라는 것이 나온다. 그것은 행정학을 창시한 우드로 윌슨W. Wilson의 정치 행정 이원론에서부터 '정치와 행정은 하나'라고 선언한 정치 행정 일원론으로 이어진다. 행정은 과학이라고 선언한 허버트 사이몬H. Simon의 정치 행정 새 이원론에서 '행정은 발전'이라고 주장하는 정치 행정 새 일원론으로 전개된다. 행정은 국민들의 소리를 먼저 듣는 것이라고 말하는 신행정학으로부터 행정은 뭐니 뭐니 해도 시장의 효율성을 지키는 것이라고 말하는 신 공공관리로 이어지다가 마침내 행정은 정부－시장－시민사회가 하나의 수평적 원리하에서 신뢰와 조정을 통해 민주성을 구현하는 것이라고 정리하는 뉴 거버넌스로 종결된다.

나는 궁금했다. '왜 행정이념은 효율성과 민주성 사이를 맴돌지?' 정치 행정 이원론의 효율성은 정치 행정 일원론의 민주성으로 이어지다가 정치 행정 새 이원론의 과학성은 신행정학의 민주성으로 전개된다. 신 공공관리의 효율성은 다시 뉴 거버넌스의 민주성으로 돌아온다. 즉, 크게 봐서 행정이론의 역사는 효율성과 민주성의 반복이었다.

효율성은 경제의 원리이고 민주성은 정치의 원리라면, 효율성이 공리를 추구하고 민주성이 자유를 추구한다면, 경제－정치, 공리－자유는 모두 형이하학적 질서를 추구하는 원리들이었다. 행정이 정부의 원리를 규명하고 국민들은 정부의 원리를 따를 수밖에 없다면 행정의 원리는 이 땅을 살아가는 사람들에게 절대적 힘을 갖는다. 그러한 행정의 원리가 형이하학적 질서만을 담고 있다면, 눈에 보이지 않지만 여전히 중요하게 작용하는 형이상학적 질서는 외면해도 되는 것일까? 공무원들은 자신들에게 주어진 원리와 매뉴얼을 따른다. 행정의 원리가 자유와 공리를 넘어선 제3의 이념을 공식적으로 담고 있지 않다면 이것은 기대될 수 없다. 예컨대, 인간이 추구해야 할 깊은 원칙, 가령, '주체와 목적으로서의 인간'이라는 철학을 구체화시키는 기준이 없다면 이것이 행정 현장에서 지켜질 수 없다.

따라서 정책학 이론은 효율성이나 민주성이라는 현상학적 질서를 넘어서야 한다. 자유와 공리, 효율성과 민주성을 넘어 제3의 이념을 담아야 한다. 정책학 이론이 경제적 효율이나 정치적 민주를 넘어 인간의 궁극적 원리를 반영할 때 국가나 사회 공동체, 그리고 우리 삶의 모습은 보다 더 완전해질 수 있다.

남송의 주희

12세기 남송南宋의 주희朱子는 전진前晉시대 유학인 공자의 학문이 윤리와 정치 현상에 지나치게 치우치고 형이상학적 명제가 결여된 것을 발견하였다. 그리하여 그는 형이상학적 실체인 우주론理氣論, 심성론心性論을 추가함으로써 성리학을 완성했다. 철학에서 실체實體란 학문에 있어 가장 중요한 명제를 의미한다. 그것은, 보이진 않지만 늘 존재하는 것, 순수하게 인식하고 있는 그 무엇, 불생불멸不生不滅의 원리를 뜻한다.

정책학은 1951년 라스웰H. Lasswell이 창시한 학문이다. 그것은 민주주의 정책학의 기치를 내걸고 제도와 절차를 갖춘 훌륭한 학문체계로서 정책과정of의 민주성과 정책내용in의 과학성을 제시한다. 하지만 여기에도 형이상학적 실체가 결여되었다.

인간의 존엄성이라는 선언적 명제는 제시하지만 그것이 어떻게 철학적 명제로서 구현되어야 하는지 분명한 이론이나 철학이 결여되어 있다.

하지만 우리는 인간의 심층의식을, 인간의 존엄의 뜻하는 바를 주체성, 창의성, 의식성으로 도출하고, 그것을 구체적인 모형과 방법론으로 구현할 필요가 있다. 그렇게 되면 효율성, 민주성이라는 토대 위에 성찰성이라는 형이상학적 실체를 정립할 수 있을 것이다.

그렇게 하려면 어떤 지적 작업이 선행되어야 한다. 인간에겐 심층의식이 있다는 것, 자유와 공리만으로는 인간의 본질을 규정 짓지 못한다는 것, 인간이라는 개체를 넘어선 심층의식이 있다는 것, 그것은 우주의 거대한 에너지장으로 연결되어 있다는 것 등에 대한 깊은 이해가 필요하다. 이 책에서는 그것들을 다루어 보고자 한다.

지적 탐구(1)
인간의 실천이성

올바른 사회를 구현하려면, 우리가 살아가는 사회 질서를 바르게 정립하려면, 먼저 인간에 대한 깊은 이해가 선행되어야 한다.

인간은 자유와 공리만으로 규정할 수 없다. 보다 더 깊은 심층의식의 존재다. 인간은 언뜻 보면, 돈과 자유만으로 행복할 수 있는 것처럼 보인다. 내게 지금 엄청난 돈과 자유가 주어진다면 그 자체만으로 달콤한 행복에 빠져들 수 있을 듯하다. 하지만 조금만 더 깊이 있게 성찰하면 그렇지 않다는 걸 알아챌 것이다. 인간은 더 복잡하고 더 깊은 존재다.

잠시 상상을 해 보자. 어떤 사람이 지금 외딴 섬에 있다. 그곳에서 그는 엄청난 부를 소유하고 있고 자유가 있으며 자신의 명령을 따르는 수많은 하인들이 있다. 당분간 달콤한 꿈과 향락에 빠져 지내던 그는 어느 순간 깨어나 다른 곳에 있는 자기 가족을 생각한다. 동료와 조국을 생각하고 자기가 속했던 공동체의 안녕을 생각한다.

자기 후손들의 미래 공동체를 생각한다. 다시 말해 그 사람은 자신만이 가진 자유와 공리에 만족하지 않고 수평적 공동체와 수직적 미래에 대해 걱정한다.

자유와 공리를 넘어선 제3의 이념, 인간이라면 내면에 주어진 자신이 속한 공동체와 미래 세대를 성찰한다. 그러한 제3의 이념을 정책학에서는 실천이성practical reason이라고 부른다.

우린 태어나 성장하면서 외부를 향하는 경향이 있다. 가슴보다 머리 중심의 사고를 하는 것이다. 그리하여 성공도 외적 성취를 더 높게 평가한다. 그러나 진정한 행복은 가슴으로부터 온다. 내면의 가슴 속 '심층의식의 바다'와 하나로 공명할 때 우린 진정한 행복을 느낀다.

심층의식의 바다는 고요하다. 텅 비어 있되 만물이 생성되는 자리이다. 온갖 기회와 가능성, 주파수가 그 근원에서 파동처럼 춤춘다. 자유와 공리를 넘어선 제3의 이성, 인간의 심층의식과 하나로 공명할 수 있는 깊은 이성을 고려할 때, 정책학은 보다 더 완전해질 수 있다.

지적 탐구(2)
인간의 심층의식

나, 너, 그는 모두 대 생명력의 표층적 나타남이다. 그것은 신성한 근원의 펼쳐짐이다. 심층에서는 하나로 합일된다.

우리는 실존적 개체로서 언제나 외로움을 느낀다. 그건 심층과 분리되어 있다고 느끼기 때문이다. 우린 언제나 심층 대 생명력에 대한 그리움으로 가득 차 있다. 그 대 생명력과 하나됨으로써 우린 근원적 그리움을 충족시킬 수 있다. 그것만이 창조적 나를 실현하는 길이다. 뇌 과학적으로 말하면, 가슴에 중심을 두고 내면으로 향할 때 고요해진다. 고요한 텅 빔 속에서 우리의 뇌파는 알파파α에서 세타파θ로 변해간다. 근원Source field, 대 생명력과 하나 되는 것이다.

그 근원, 소스 필드Source field는 순수한 빛과 의식으로 이루어진 창조의 근원이다. 모든 가능성이 용해되어 있으며 오직 주파수로만 존재한다. 그 근원이 내 안에 있다.

라디오 주파수를 생각해 보라. 잡음이 많은 채널도 있고 선명한 채널도 있다. 많은 사람들이 베타파β 상태에 있는데 이는 깨어 있고 논리적이며 스트레스가 많은 상태이다. 문제를 해결하고 이메일을 확인하고 차를 운전하고 일상에 치이는 상태이다. 하지만 그 아래에는 더 평화롭고 깊고 창의적인 상태가 있다. 그곳에서 현실은 더 유연해진다. 알파파α 혹은 더 아래 세타파θ라고 부르는 이 상태에서는 꿈이 더 선명해지고 직관이 강해지며 세상이 다시 신비롭게 느껴진다.[11]

언뜻 보면, 나는 현재의 내 생각과 감정으로 살아가는 듯 보인다. 하지만 내 생각과 감정은 보이지 않는 의식들과 연결되어 있다. 나는 작은 개체가 아니다. 전체로 이어진 파동, 그 심연의 초의식과 연결된 존재이다.

그 심층의식에서는 눈에 보이지 않을 정도로 미세한 양자 파동들이 서로 연결되어 있고 서로 스며들어 있으며 서로 끌어당기고 있다. 우리와 물질을 규정하는 모든 분자구조들은 보이지 않는 입자들로 구성되어 있고, 그 미립자들은 본질적으로 파동이며 서로 연결되어 있다. 그 거대한 양자장은 모든 가능성과 정보, 기회와 만남의 가능성을 내포하고 있다.

뒤의 <그림 2-1>을 보라. 표층의 나는 산만한 생각과 반응적인 감정, 외부 자극에 휘둘리는 부분이다. 하지만 그 밑에 더 깊은 심연에 깊고 고요한 심층적인 자아가 있다.

불교의 33천으로 나누든 7개 층위의 빛의 스펙트럼으로 나누든 광물에서 식물, 인간에서 천상에 이르기까지 모든 것은 하나의 입자의 펼쳐짐이다. 그것은 성스러운 신격神格의 펼쳐짐이다. 끝에서 전개되는 개체들의 떨림, 진동 주파수가 다를 뿐이다. 우리도 그 층계 어느 지점에 있다.

인간은 보이는 질서만으로 규정할 수 없다. 현상계의 보이는 질서는 현재표층 의식만으로 살아가는 것 같지만 인간에게는 무시할 수 없는 더 깊은 의식이 있다. 잠재의식과 무의식을 넘어선 곳에 심층의식이 있다. 아래 <그림 2-1>에서 보듯이, 무의식 끝부분에 얇은 막이 있다. 그 막은 '무의식-초의식,' '잠재의식-심층의식' 사이를 가르고 있다. 그 막은 영혼으로 들어가는 관문關門이며 포탈portal이다. 그 막을 열고 들어가면 우린 심층의식을 만난다. 그곳은 심층의식의 바다처럼, 심해深海의 깊은 평화처럼, 깨어 있으며 명료하며 고요하다. 텅 비어 있되 전체가 하나로 연결되어 있다아래 <그림 2-1> 참조.

그림 2-1 심층의식의 근원

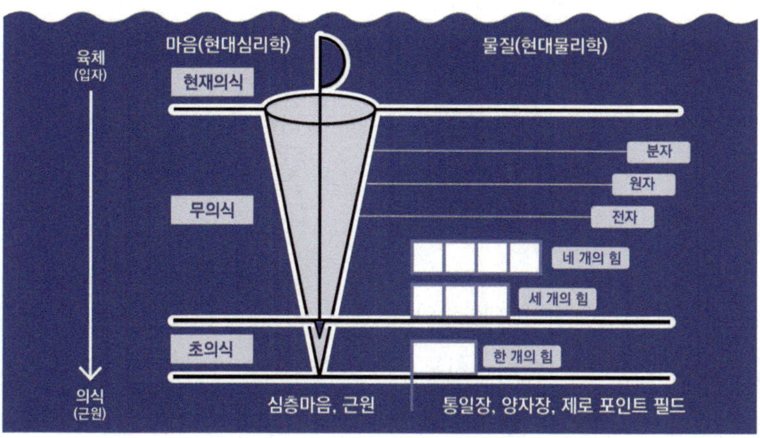

* 자료: David Lynch, Transcendental Meditation에서 수정.

지적 탐구(3)
심층의식, 보이지 않는 에너지장

조금 다르게 접근해 보자.

우린 몸과 마음을 가지고 있다. 하지만 몸과 마음 너머에 더 중요한 제3의 요소가 있는데 그게 바로 '심층의식'이다.

우리는 몸-마음-심층의식의 존재라는 점을 기억하자.

'심층의식'이라는 단어는 몸과 마음 너머에 더 중요한 무엇이 있다는 것을 암시한다. 몸과 마음보다 더 중요한 게 나의 에너지장場이다.

우리 몸은 단순히 뼈와 살의 집합체가 아니다. 뼈와 살, 장기와 세포들은 진동하고 있다. 진동하는 에너지인 것이다. 몸을 단순히 육적인 물질로 보지 않고 진동하는 에너지로 본다면 삶의 관점은 달라진다. 나는 얼마나 진동 주파수를 고양시킬 것인가가 핵심 관건이 되는 것이다. 우리 몸에서는 빛 에너지장場이 발산되고 있는데 그것이 나의 본질이다.

5차원의 에너지장

우린 바쁜 일상 속에서 우리 몸을 둘러싸고 있는 5차원의 에너지장場을 잊고 산다. 그것은 우리 몸을 둘러싼 둥근 모양의 입체적 에너지장場이다. 3차원의 단어들은 몸과 마음, 그리고 양극성, 그러니까 빛과 어두움, 사랑과 두려움 등으로 이루어져 있지만, 5차원에서는 그런 것들이 없다. 높은 차원으로 진동하는, 무한하고 순수하게 빛나는 미세한 에너지들, 양자 의식들의 필드field이다.

필드field는 파티클particle을 지배한다. 우리는 이곳에 들어가기 위해 전통적 선禪이나 명상을 필요로 하지 않는다. 그저 고요하라. 그리고 자신을 둘러싼 텅 빈 에너지장을 인식하라. 필드field에 들면 당신의 에너지는 강화되고 자질구레한 번뇌에 지배받지 않는다. 이것은 보이지 않는 근육이다. 운동을 하면 몸의 근육이 강화되고, 경험을 통해 마음의 근육이 단련되듯이, 우린 내적 알아차림을 통해 심층 에너지장場을 강화할 수 있다. 떨림이나 깊은 감동은 우리의 심층 에너지장場을 강화시킨다. 미세한 감동은 나의 깊은 에너지 층에 진동으로 새겨진다. 그것은 나의 깊은 아뢰야식에 깊이 새겨진다.

그러한 내적인 힘은 1) 고요함, 2) 의지텅 빔, 3) 내적 알아차림을 통해 키워진다. 우린 이곳에 그저 살러 오지 않았다.

우린 업그레이드upgrade시키기 위해 왔다. 높은 차원의 에너지장場으로 우리의 존재 상태를 끌어올리기 위해 왔다.

높은 차원의 에너지장場을 불교에서는 아미타의 빛이라고 한다. 그것은 무한한 빛과 생명의 바다이다. 몸과 개체를 넘어선 높은 차원의 빛 파동의 물결이다. 그것은 나의 존재를 자각함으로써 높은 차원의 생명의 장場과 하나가 되는 것이며, 고요하고 텅 빈 마음의 장場에 합일하는 것이다.

지적 탐구(4)
우리는 이곳에 속하지 않는다

우리는 이곳에 속하지 않는다. 우리는 이 땅의 물질로 만들어지지 않았다. 우리의 고향은 더 높은 곳에 있다. 우리는 영적 존재이며 근원에서 왔다.

어느 날 문득 세상이 나와 맞지 않는 것처럼 느껴진다. 왠지 이곳은 내가 있을 곳처럼 느껴지지 않는 이질감이 드는 것이다. 말을 아끼게 된다. 얕은 대화가 피곤하게 느껴지고 형식적인 관계 안에서 자꾸만 숨이 막하는 것 같은 감각이 밀려온다. 한때는 잘 어울렸던 사람들과의 거리감, 열정을 쏟던 활동에서 느껴지는 낯섦…. 이런 사람이 있다. 자신의 주파수가 올라가면서 예민하고 섬세해져서 감응력感應力이 높아진 것이다. 기존의 관계와 대화가 공허해지고 뭔가 보다 높은 의미를 찾고 싶어진다. 세상의 즐거움도 큰 의미가 없다. 근원을 향한 갈망은 고조되고 높은 파동에 대한 설렘은 깊어진다.

플라톤은, 육체는 영혼의 감옥이라고 했다. 그는 언제나 절대적이고 완전한 이데아의 세계를 갈망했다. 칸트도 밤하늘에 수놓아진 빛나는 별들을 보면서 절대적이고 이상적인 도덕법칙을 꿈꿨다. 우리도 그리워한다. 빛으로 이루어진 광명의 세계를. 그곳은 우리의 영적 근원이며 진정한 고향이다.

오랫동안 과학과 영성은 서로 다른 길을 걸었다. 과학은 물질의 근원을 탐구해 왔고, 영성은 마음의 근원을 탐구해 왔다. 그러다가 최근에는 급기야 그 둘이 동일한 근원을 지적하고 있다는 것을 깨달았다. 분자, 원자, 원자핵, 아원자亞元子로 내려가던 과학은 물질의 끄트머리가 식識이라는 사실을 알게 되었다. 물질이 마음과 끝에서 만나고 있었다. 그 식識은 알아차림이고 파동이었으며 근원 에너지였다. 그 바탕에는 제로 에너지장場이 있었다.

우린 이 근원적인 에너지장 접속을 통해 현재의 나를 바꿀 수 있다.[12] 그것은 새로운 목표분명한 의도와 느낌고양된 감정을 지닌 새로운 정체성을 의미한다. 그러려면, 가슴 뛰는 새로운 목표를 설정하고 그렇게 변화된 나의 상태를 상상 만해도 설레야 한다. 제로 에너지 필드zero energy field에 접속하여 현재의 생각과 감정이 끊어진 곳에서 나의 새로운 비전에 대한 희망과 기쁨이 높은 파동으로 넘칠 때 나는 변화된다.

우린 맑고 고요해질 때 제로 에너지 필드에 접속된다. 그럴 때 우린 명료함과 평화를 느낀다. 젊은 에너지와 활력이 넘친다.

지적 탐구(5)
제로 포인트 필드, 양자장이론

과학자들은 제로 포인트 필드zero point field를 발견했다. 과학자들은 양자 진공 상태에서도 여전히 그곳에는 근원 에너지가 흐른다는 사실을 발견했다. 그것은 제로 에너지 필드였다. 바탕의 장場 자체가 살아 있고 알아차리고 있었다. 그 미립자는 양자 요동을 치면서 우주 전역에 스며들어 있었다.

그 에너지는 당연히 내 안에도 들어와 있었다. 내 안에서 살아 움직이는 에너지장場이었다. 그것은 내 마음이 고요해지고 천천히 흐르고 텅 비었을 때 더 쉽게 느껴지는 무한한 생명 에너지였다. 그것을 과학자들은 제로 포인트 필드zero point field 혹은 제로 에너지 필드 zero energy field라고 불렀다소스 필드~Sourcr field라고도 한다; Max Planck, 양자장; David Bohm, 숨겨진 질서; Lynn MacTaggart, 필드.[13]

우주는 고정된 물질의 세계가 아니라 살아 움직이는 진동의 패턴이었다. 내 바깥의 현실은 내 마음의 주파수에 따라 움직였다.

당신은 내 몸 주변에 혹은 속에 나를 둘러싼 제로 에너지장場이 존재하고, 그곳에는 엄청난 힘과 파동을 지닌 에너지가 넘쳐흐른다는 사실을 믿을 수 있겠는가? 하지만 이 진실을 알고 있는 사람은 존재의 상태가 바뀐다.

내 몸을 둘러싼 제로 에너지 필드zero energy field. 그곳에 접속되면 활력이 넘치고 고양되지만 연결이 끊어지면 기분이 저하되고 우울해진다. 왠지 목적의식을 상실한 느낌도 든다. 그것은 내 심층의 빛 에너지 그리드grid였다.

이처럼 눈에 보이지 않는 형이상학적 질서는 근원에서 존재하고 있었고, 그것은 우리 마음속에 심층의식으로 연결되어 있었다. 그것은 내 속에 존재하는 심층 에너지장場이었다.

이러한 제로 에너지장, 혹은 양자장은 심층에 존재하는 고요하고 텅 빈 에너지장場이다.[14] 그것은 시간과 공간을 초월한 모든 가능성들이 잠재되어 있는 근원적인 필드이다. 모든 가능성, 기회가 주파수 형태로 저장된 에너지 필드이다. 그 근원적인 자리에 접속하면 '내가 있다'라는 존재의 생생한 느낌이 발생한다.

지적 탐구(6)
왜 어떤 사람은 더 젊고 활력 넘쳐 보일까?

왜 어떤 사람은 더 젊고 활력이 넘쳐 보일까? 자신의 나이에 비해 더 젊고 활력 넘치는 사람은 어떤 사람일까?

그 답은 높은 의식의 파동에 있다.

우리의 내면이 고요하고 평화로움으로 가득 차 있을 때 우리 피부는 밝게 빛난다. 더 젊고 활력을 띤다. 내면의 진동 주파수가 높은 파동으로 머물 때 우리의 외적 현실도 고요하고 평화로워진다.

하지만 우린 때때로 현실적인 문제에 부딪혀 고민과 번뇌에 빠진다. 그럴 때면 내 마음은 번뇌와 불안으로 가득 찬다. 하지만 걱정하지 마라. 해결책이 있다.

높은 의식의 파동을 유지하라. 모든 것을 내려놓고 걸어라. 조용히 호흡하면서 내면을 고요히 하라. 고요하고 텅 빈 가운데 밝은 알아차림이 깃든다.

우린 양자장에 접속할 때, 그리하여 내 몸에 깃든 제로 에너지 필드를 느낄 때 활력이 넘친다. 우주의 큰 힘에 나를 맡겨라. 그렇게 하면 번뇌가 사라지고 당신의 내면은 평화로 가득 차게 될 것이다.

마음이 평화로운 사람은 단순히 갈등을 피하는 사람이 아니다. 모든 문제를 껴안고 직면하라. 두려워 말고 온 몸으로 부딪혀 경험과 지혜를 쌓아라. 이런 사람은 내면의 알아차림과 직관을 발전시킬 수 있다.

지적 탐구(7)
누구나 자신의 산에 오르기를 원한다

우리 안에 들어와 있는 의식은 심오한 힘을 지니고 있다. 우리의 영혼은 우주의 거대한 양자장과 연결되어 있다. 그것은 우리의 두뇌에서 발생하는 단순한 지능을 넘어서는 힘이다. 개체에서 발생하는 이성이나 논리 차원을 넘어선다.

우리가 그 거대한 지능에 접근하려면 첨단 안테나 역할을 하는 우리의 진동 주파수를 상승시켜야 한다. 우리의 개체가 높은 진동 주파수로 고양될 때, 그리하여 맑고 가볍게, 그러면서도 심원한 지혜의 물결로 고동칠 때, 우리는 그 우주적 힘에 다가갈 수 있다.

'누구나 자신의 산에 오르기를 원한다.'[15] 하지만 중년에 이르면 여러 가지 현실적 이유로 자신이 가졌던 꿈과 소망이 좌절되기도 한다. 그렇지만 신념과 직관과 의지로써 자신이 처한 환경을 극복하면서 진동 주파수를 올려야 한다. 내 안에 우주와 소통하는 잠재된 힘이 있음을 믿고, 그 진동 주파수를 고양시킬 때, 우리는 '최고의

나,' '위대한 나'를 실현시킬 수 있다.

그 첫 번째 과제는 제로 포인트 필드를 느끼는 것이다. 나를 가로막던 장벽은 내가 진실할 때 열린다. 그것은 감동, 떨림, 설렘에 반응한다. 사실 인간에게 누군가의 인정이나 사회적 평판은 필수 요건이 아니다. 내 몸을 둘러싼 에너지장은 내가 나 자신에게 진실할 때 열린다. 나는 누구인지를 탐구해 보자. 나는 무엇을 좋아하고 어떤 일을 할 때 가장 기쁜가를 찾아보자. 우린 내면의 투쟁을 통해 성장하며, 자신의 길을 찾아갈 때 비로소 장막은 걷힌다.

지적 탐구(8)
어떻게 계발할 것인가?

심층의식이 있다 해도 내가 거기에 눈뜨지 못하면 소용없는 일이다. 내 마음이 어지러워 번뇌로 가득 차 있거나 부정적인 감정에 사로잡혀 있다면 심층의식에 잘 들어갈 수 없다.16

하지만 좋은 소식이 있다. 그것은 양자 에너지를 이용하는 것이다. 최근 양자역학은 우리 몸을 둘러싼 제로 에너지 필드zero energy field를 발견했다. 우린 그곳에 어려운 명상을 통하지 않고도 들어갈 수 있다. 그곳은 우리 세포 하나하나가 깨어 있는 근원적인 에너지 장場이다.

먼저 에너지장場을 느껴 보라. 나를 감싸고 있는 기운, 그 프라나prana 에너지 필드field를 먼저 느껴 보라. 몸의 감각 기관으로부터 느껴지는 미세한 기운을 포착하고 이를 점차 확장하라. 고양된 의식의 진동 주파수가 핵심이다. 그대는 고요하고 텅 빈 마음을 가지면 높은 의식의 진동 상태로 들어갈 수 있다.

내 안에는 거대한 초월적 힘이 내재되어 있다. 그 엄청난 힘은 양자 에너지와 연결되어 있으며, 내 마음이 고요할 때 열린다. 그대를 둘러싼 몸, 마음, 에너지가 하나의 일관성 있는 패턴으로 정렬되면 큰 힘이 발휘된다. 내 몸에서 시작한 에너지장은 우주와 연결된 하나의 거대한 에너지장場이기 때문이다.

그 거대한 힘은 심층의식에 들어갈 때 활성화된다.

내 마음의 공空 자리를 발견하면 그 심층의식의 근원은 고요함으로 존재한다. 그 고요한 힘은 존재의 생생한 느낌으로 나타난다. 아무 것도 없이 텅 비어 있되 그곳에는 만물을 생성할 준비가 된 보이지 않는 입자粒子들이 창조의 가능성을 잉태孕胎한 채 요동치고 있다. 그러니 몰입, 집중, 자연과의 연결을 통해 '근원' 혹은 그대의 내면으로 들어가는 힘을 강화하라.

지적 탐구(9)

존재의 생생한 느낌

심층의식의 근원에 도달하면, 우린 그곳에서 존재의 생생한 느낌을 받는다.

우리는 흔히 현대의 바쁜 삶 속에서 심층의 바다 위로 돌출된 작은 자아만을 중심으로 살아가는 경우가 많다.[17] 하지만 우리의 실체는 표층위의 작은 자아가 아니라 그 밑으로 연결된 심층적 바다 그 자체다. 심층의식의 근원에서 보면 나의 본질은 바다 전체로 연결된 존재의 생생한 느낌이다.

우리 인식의 근원적 바탕 자리, 번개처럼 순간적으로 번쩍이는 인식, 고요하고 텅 빈 가운데 발현되는 존재의 생생한 느낌, 그것이 바로 우리의 심층의식이다.

우리 내면의 보이지 않는 질서는, 눈에 보이진 않지만 근원에서, 우리 삶에서 중요하게 작용한다. 그들은 1) 서로 연결되어 있고inter-connected, 2) 서로 스며들어 있으며inter-penetrated, 3) 서로 끌어당기고 있다inter-attracted.

따라서 우린 늘 존재의 근원에 대해 본능적 그리움을 갖고 있다. 그리하여 개체는 1) 주체적이고, 2) 창의적이고, 3) 의식적 삶을 꿈꾼다.

이처럼 심층의식은 눈에 보이지 않는 형이상학적 질서이며, 우주의 근원적 연결망이다. 그리고 '주체성－창의성－의식성'이라는 키워드는 잘 기억해 두길 바란다. 이것은 철학과 정책학을 연결하는 핵심 고리가 될 것이다.

그런데, 이게 정책학이랑 무슨 상관인가

그런데 이렇게 심오한 철학에 바탕을 두고 도출된 인간관 명제들이 정책학 연구랑 무슨 상관인가 하고 질문할 수 있다.

결론부터 말하자면 깊은 관련이 있다.

그러니까 심층의식과 형이상학적 질서를 통해 이끌어 낸 '주체성–창의성–의식성'이라는 키워드, 인간의 존엄의 기초를 이루는 인간관이 우리의 정책학과 깊이 연결되어 있었다. 믿겨지는가?

이제 이 문제를 한번 심도 있게 고찰해 보자.

지적 탐구(10)

아! 허범

인간의 심층의식, 가장 깊은 곳에 존재하는 인간 존엄의 근원을 이해하려면 허범 교수님의 선행연구를 살펴보아야 한다. 나는 허범 교수님을 성균관대에서 2005년에 뵈었다. 그분은 나에게 인간을 '목적과 주체'로 보는 정책학 이론에 대해서 가르쳐 주셨다.

정책학은 원래 세 갈래의 흐름이 합쳐진 사회과학이다. 첫째는 정치적 흐름으로서 정책결정의 구조로, 정치과정의 구조와 거버넌스에 대해서 고민하며, 둘째는 경제적 흐름으로서 통계학, 계량분석 등이 방법론에 대해서 고민한다. 마지막 셋째는 철학적 흐름으로서 주체와 목적으로서의 인간, 인간 존엄성의 본질에 대해서 탐구한다. 허범 교수님은 한국 정책학회를 창립하면서 정책학의 본질은 특히 이 세 번째 질서, 즉 인간 존엄성에 대한 탐구에 있다는 점을 강조했다. 그리하여 인간이란 무엇이며, 인간을 수단으로 대하지 않고 목적과 주체로서 대해야 하는 철학적 원리란 무엇인가에 대해서 많은 연구를 남겼다.

허범1982, 1992, 1995은 '바람직한 정책학을 위한 창조적 탐색'이라는 주제를 연구하면서, 인간관을 1) 주체적 존재이며 2) 창의적 존재이며 3) 의식적 존재이며 4) 효율적이고 민주적인 능동적 존재로 제시했다. 그리하여 인간은 1) 육체적 존엄과 함께 정신적 능력을 갖춘 주체적 존재이며, 2) 자연법칙에 지배를 받는 단순한 감각적 존재가 아니라 창의적 존재이며, 3) 어제의 모순과 결함을 교정할 수 있는 의식적 존재이며, 4) 효율적 처방과 민주적 절차를 통해 내일의 새로움을 창조할 수 있기에 효율성과 민주성을 갖춘 존재라고 보았다.

이러한 네 가지 인간관에서 위 4)에 해당하는 인간관이 효율성－민주성이라면, 1) 2) 3)에 해당하는 인간관은 주체성－창의성－의식성을 갖춘 '주체와 목적으로서의 인간'이라고 나는 해석했다. 효율성－민주성이 1차원적 세계의 현상학적 질서를 의미한다면, 주체성－창의성－의식성에 기초한 인간관은 보다 높은 차원의 인간관을 의미한다고 본 것이다. 노벨 생리의학상을 수상한 아델만gerald edelman은 이를 '고차의식'이라고 불렀다.

효율성과 민주성이 라스웰 정책학의 '내용과 과정in & of'을 대변하는 이념이라면, 성찰성은 보다 높은 차원의 인격을 대변하는 이념이다. 이는 정책학의 최상위 가치로서 인간존엄성에 대응하는 이념이다. 새로운 정책학 이론은 높은 차원의 인격에 부응하는 철학을 갖추어야 하며, 그러한 철학은 '주체성－창의성－의식성'을 갖춘 인간관을 구현하는 것이어야 한다.

그림 2-2 허범 교수님의 연구

허범: 바람직한 정책학을 위한 창조적 탐색

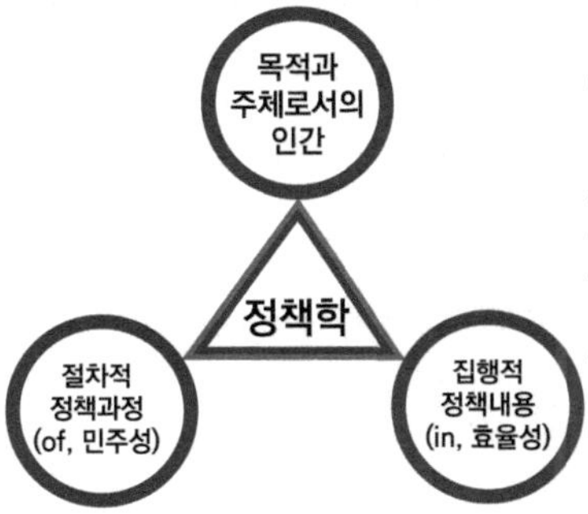

허범 교수님 연구 (1982, 1992, 1995)

- 인간은 어떤 경우에도 **목적과 주체**로서 대우해야 한다:
  목적과 주체로서의 인간: 칸트
  주체성, 창의성, 의식성으로서의 인간
- 주체, 창의, 의식(↔ 노벨 신경과학자 에델만 연구: 1차 의식, 고차 의식)
- **허범 교수님이 설정한 인간관(창조적 수용)**
- 논거1: 인간은 육체적 존엄과 함께 높은 정신적 능력을 갖춘 존재이다.
  주체적 능력에 대한 믿음
- 논거2: 인간은 자연법칙의 지배를 받는 단순한 감각적 존재가 아니다.
  창의적 능력에 대한 믿음
- 논거3: 인간은 어제의 모순과 결함을 교정할 수 있다.
  의식적 진단에 대한 믿음
- 인간은 효율적 처방과 민주적 절차로 내일의 새로움을 창조할 수 있다.
  효율성 및 민주성

1. 효율성과 민주성을 넘어선 정책학[18]

정책학은 좀 더 본질적인 이슈인 '인간의 존엄성'이라는 최고이념에 천착해야 한다. 효율성, 제도나 절차로서의 민주성을 넘어 보다 근본적인 이슈에 대해 탐구하고, 이를 공식화하고 모형에 반영해야 한다. 특히 미래의 정책학은 단순한 제도로서의 민주주의 정책학이 아니라 성찰적 혹은 창조적 정책학으로의 발전적 진화가능성을 타진하면서 정책학에 내재된 '성찰적 요소'들에 대해 천착穿鑿할 필요가 있다.

그러한 요소들에는 다음과 같은 것들이 있다권기헌, 2012: 191-192.

① 정책학은 사회공동체에 대한 이상理想을 강조한다. 정책학이 인간의 존엄성과 실천적 이성을 강조하는 이유도 우리 공동체를 좀 더 완성시켜 지혜와 덕행이 구비된 성찰적 공동체를 실현시키려는 정책학적 꿈과 이상이 있기 때문이다.

② 정책학은 인간의 존엄성을 지향한다. 정책학에서 강조하는 인간의 존엄성은 국가이익에 기초한 국가의 존엄성을 뛰어넘는 인류공동체적인 휴머니즘에 기초한 인류의 보편적 존엄성이다.

③ 정책학은 실천적 이성理性을 강조한다. 실천적 이성에 기초한 숙의민주주의 모형practical reason and deliberative democracy이야말로 민주사회의 보편적 시민이라면 대화와 토론을 통해 공공선과 보다 창조적인 미래를 추구하는 인간 내면의 실천적 이성에 기초한 성찰적 정책모형이다.

④ 정책학은 정책대상집단을 배려配慮하는 가슴 따뜻한 학문이다. 정책학은 정책이 시행되는 정책대상집단과의 '소통'communication과 '배려'consideration를 특히 강조하는 가슴 따뜻한 학문인 바, 정책학은 효율성 분석 이전에 정책수요 측면에서 정책대상집단의 동기의 적합성에 대한 고려가 중요하게 다루어져야 하고, 이러한 정책수요분석에 있어서 정책결정자가 견지해야 할 핵심가치는 성찰성이 되어야 한다.

⑤ 정책학은 민주주의의 완성을 추구한다. 참여, 숙의, 합의가 지켜지는 민주주의란 주로 민주주의의 절차적 측면이 강조된 것인 바, 법적 요건과 행정절차법적 제도 이외에 상대방에 대한 배려와 마음, 공동체에 대한 배려와 마음이 있을 때 우리 사회는 한차례 더 성숙해질 수 있을 것이다. 절차적 민주주의가 내용적 측면에서까지 꽃핀 상태가 성찰적 민주주의이며, 따라서 민주주의 정책학의 완성은 성찰사회의 실현으로 완성될 수 있을 것이다.

2. 성찰이라는 단어에 대한 고찰

그렇다면, 왜 굳이 성찰이라는 단어를 쓰는가?

성찰省察이라는 단어의 사전적 의미는 '자신의 일을 반성하며 깊이 살핌'이다. 혹은 '일을 하거나 남과 관련하여 결정을 내리기 전에 자세히 검토하여 판단하다.'라고 되어 있다. 따라서 언어적 의미로는 '자신을 반성하며 깊이 살피며, 어떤 결정을 내리기 전에 상대방과의 관계를 깊이 생각하다.'라는 뜻으로 해석할 수 있다. 말하자면, 성찰의 의미는 사고나 신념의 불완전한 부분을 되돌아보며 학습하는 것이다. 개인의 성찰은 학學을 통해 발전시키고, 공동체의 성찰은 습習을 통해 발전시킬 수 있다.

언어적 의미의 성찰省察은 우리의 몸과 마음에 관련된다. 몸을 보살피고 마음을 관찰하되 자신의 삶을 성찰해 보는 것이다. 자신의 심층마음을 돌이켜 직관直觀하는 공부를 하는 것이다. 심층마음은 텅 빈 고요한 의식이며 드넓은 마음이다. 늘 깨어 있고 밝게 알아차린다. 고요한 근원이며 순수한 근원이다. 창조적 근원으로서 모든 신성한 힘과 권능이 창출되는 공간이다. 과학자의 눈과 철학자의 마음으로 세상을 관찰하라. 그렇게 하면 인간 의식의 깊은 성찰을 통해 고요하고 텅 빔의 지혜를 깨닫게 될 것이다.

한나 아렌트가 말한 것처럼[19], '내성의 명상적 삶'과 '내면적 자각'을 통해 수양한다면 우리는 본성을 깨달을 수 있을 것이다. 또한, 일자 샌드가 말한 것처럼, '무위의 시간을 주기적으로 가져라. 모든 에너지를 내부에 집중시키고, 어떤 인풋도 흡수하지 말고, 받아들인 인풋이 내면에서 분류되고 자리 잡게 하라. 나중에 당신은 새로운 에너지로 가득 찬 자신을 느낄 수 있을 것이다.'[20]

하지만 성찰省察이라는 단어에는 이러한 명상적, 도덕적 의미 이상이 담겨 있다. 문명사적 패러다임의 관점에서 먼저 한번 살펴보자. 인류 역사는 좀 더 깊이 살펴보면, 겉으로 나타난 '기술'과 '물질'의 역사가 아니라, 이들을 근원에서부터 추동해 낸 인류의 '생각'과 '의식' 진보의 역사였다. 눈에 보이는 것은 눈에 보이지 않은 것의 현현顯現이기 때문이며, 생각의 힘과 의도가 작용하여 눈에 보이는 역사를 창조한 것이다. 모든 영적인 것, 보이는 것, 보이지 않는 것은 모두 신성의 근원인 자각의식自覺意識의 발현이며, 창조적이고 차원 높은 생각과 의식이 높은 수준의 파동을 일으켜 찬란하고 진실된 문명을 창조하는 것이다. 따라서 인류에게 필요한 힘은 바로 우리 내면에 있으며, 인류의 정신이 역사와 문명의 추동력이다.

그렇다면, 사회과학으로서의 행정학정책학이 현상학적인 학문에 머물지 않고 보다 근본적인 인식론적 토대를 갖추려면 어떤 성찰이 필요할까?

성찰이라는 용어는 인간-자연, 인간-사회, 인간-기술에 대한 의식과 성찰이 올라가는 것을 뜻하며, 공동체의 존재양식에 대한 성찰의식과 자각수준이 올라가는 것을 의미한다. 인간의 정신이 낮은 파동에 머물면 가난과 투쟁의 역사가 반복되며, 높은 차원으로 고양될 때 인류문명은 찬란한 평화와 번영을 구가할 수 있다.

성찰성, 창조의식, 높은 차원, 파동, 근원의식 등의 용어들이 매우 추상성이 높고 형이상학적 차원인 것은 사실이다. 하지만 이러한 문제를 기존처럼 종교와 철학, 혹은 도덕과 윤리 영역에만 맡겨 두어서는 안 된다. 이것이 현재 인류의 삶과 연결된 본질적인 내용들이기 때문이다. 명확한 사회과학적 연구와 기준이 필요하며, 이를 현실에서 제대로 추동해 나갈 수 있는 분명한 이념과 변수 정립이 필요한 것이다.

3. 학술적 논리

앞에서도 잠깐 언급했듯이, 행정학 이론의 역사적 발달사史를 살펴보면, 정치행정이원론, 일원론, 발전행정론, 신행정학, 신공공관리, 뉴거버넌스의 이론적 발달 과정을 거치면서, 한 번은 효율성 이념, 다른 한 번은 민주성 이념이 정확하게 번갈아 가며 반복되어 왔다는 것을 알 수 있다. 정치행정이원론은 효율, 일원론은 민주, 발전행정론은 효율, 신행정학은 민주, 신공공관리는 효율, 뉴거버넌스는 민주로 이어지는 등 정확한 변증법적 변주變奏를 보여주고 있다. 말하자면 효율과 민주는 행정의 양대 이념 축을 구성하고 있는 것이다.

아직 성찰성의 단계로까지 나아가지 못해서일까? 아니면 효율과 민주만 집중하다 보면 성찰은 자동으로 따라오는 것일까? 하지만 그렇지 않다. 사회의 변화 발전을 꿈꾸는 학자라면 미리 사회가 한 단계 더 성장하는 모습을 그리고 그것을 이론에 반영시켜야 한다. 즉, 사회가 완성되려면 효율과 민주만으로는 뭔가가 부족한 느낌이다. 집행과 절차만 얘기하는 데 그치기 때문이다. 그 부족한 무엇을 채워줄 수 있는 제3의 이념이 뭘까를 고민하다가 나는 그것을 '성찰'로 보았다.

즉, 한 사회 혹은 국가 공동체가 완성으로 나아가려면 경제와 정치, 공리와 자유를 넘어서는 그 무엇, 제3의 이념이 필요하다고 보았고, 그것을 '성찰성'이라고 명명했다.

성찰이라는 단어가 주는 다중多重적 어의가 다소 걸리기는 하지만, 오히려 철학적이면서 포괄적인 의미를 지닌 성찰이라는 단어가 더 정확正確하다고 보았다. 즉, 경제적 풍요와 정치적 자유를 넘어서는 국가의 지향점이 필요한데, 그것을 성찰로 명명한 것이다권기헌, 2021: 26. 가령, 한 인간으로 비유하자면, 과연 나는 정치적 자유와 경제적 풍요만 가진다면 행복할 수 있을까? 하는 근본적 취지의 질문을 던져 볼 수 있겠다. 행복이라는 단어가 걸린다면 자아완성이라고 해도 좋다.

국가와 정책 역시 마찬가지다. 경제적으로 잘 살고, 정치적 민주주의만 잘 진행된다면, 그 국가는 완성된 공동체일까? 라는 근본적 질문이 필요한 것이다. 여기에서도 역시 나와 너를 넘어서는 우리, 과거와 현재를 넘어서는 미래의 바람직한 공동체에 대한 사유, 즉 공간과 시간의 확장된 사유를 성찰하는 제3의 이성이 필요하다는 결론에 이르게 되고, 그것은 개인적으로 인간의 존엄을 구현하고, 국가적으로는 신뢰받고 성숙한 공동체를 완성시키고자 하는 제3의 정책 이념이라는 생각에 이른다. 이 책에서 나는 그것을 성찰성이라고 불렀다.

4. 논리적 정당성

우리는 인간이 단순한 육체적 존재가 아님을 알고 있다. 인간 내면의 근원에는 창조의식이 있으며, 그것은 존재와 신성으로부터 흘러나오는 창조적 힘과 역동성이다. 우리 정책학의 실천이성도 마침 인간을 언제나 수단이 아닌 목적으로 대우해야 하며, 인간을 도덕적 존재, 주체적 존재로 간주해야 한다고 주장하고 있다.

이처럼 정책학에도 낮은 차원과 높은 차원의 분석이 존재한다. 우리의 분석이 물질과 제도에만 매달려 효율에만 집착하고 있을 때 우리 사회는 진정한 창조와 행복을 구현할 수 없다. 물질과 효율을 넘어 보다 높은 차원의 가치를 분석할 수 있을 때 우리 사회의 목적과 방향성을 제대로 구현할 수 있다. 이것은 정부 내부의 효율성 분석, 정부 내부–외부 간 민주성 분석과 함께 공동체 전체의 방향성을 위한 성찰성 분석을 의미한다.

정책학의 새로운 차원은 기존의 효율성과 민주성을 넘어 성찰성 이념으로 고양되어야 하며, 이러한 철학을 뒷받침할 수 있는 방법론이 필요하다. 그것은 단순한 경제적 효율로서의 공리, 정치적 민주로서의 자유를 넘어 인간을 목적과 주체로 보며 인간의 존엄성을 실현하는 제3의 이성이어야 한다.

인간의 존재 자체를 목적으로 보는 관점에서 다양한 이해관계자 간 수요–공급–환경의 다면적–다층적–다차원 분석을 시행할 필요가 있는 것이다. 이것은 정부의 공급자 분석, 정책대상자에 대한 수요자 분석과 함께 공급과 수요의 상호작용적 거버넌스에 대한 다차원적 분석을 의미하며, 이는 인간이 존엄성 고양과 성숙한 공동체 의식을 만들기 위해 필요하다. 그리고 이러한 분석을 통해 정책학은 낮은 차원의 플랫폼에서 아름답고 선善한 사회를 실현하려는 높은 차원의 플랫폼으로 고양될 수 있다.

그림 2-3 정책학의 다차원 분석

- ✔ 정책학에는 낮은 차원에서의 분석과 높은 차원에서의 분석이 존재한다.
- ✔ 정부 내부의 효율성 분석, 내부-외부 간 민주성 분석과 함께 공동체 전체의 방향성을 위한 성찰성 분석이 모두 필요하다.
- ✔ 그것은 정부의 공급자 분석, 정책대상자에 대한 수요자 분석과 함께 공급과 수요의 상호작용적 거버넌스에 대한 다차원적 분석을 의미하며, 이는 인간이 존엄성 고양과 성숙한 공동체 의식을 만들어 나가는데 있어 필수적이다.
- ✔ 인간의 존재 자체를 목적으로 보는 관점에서 다양한 이해관계자 수요-공급-환경의 다면적-다층적-다차원 분석을 시행하는 것이다.
- ✔ 이러한 분석을 통해 정책학은 낮은 차원의 플랫폼에서 아름답고 선(善)한 사회를 실현하려는 높은 차원의 플랫폼으로 고양될 수 있다.

5. 철학적 토대

정책학이라는 학문은 인식론의 토대 위에 서 있다. 그것은 1) 인간의 존엄성을 실현하려는 윤리적 기초, 2) 실천이성과 주관적 극대화라는 인간관을 토대로 하는 행태적 기초, 3) 문제지향성이라는 실용주의 철학을 구현하려는 철학적 기초라는 세 가지 축을 중심으로 세워져 있다. 한마디로 정책학은 과학적 탐구 정신과 증거에 기반하되, 인류 사회의 보편적 존엄성을 추구하는 매우 깊은 학문이다. 그리하여 정책분석은 경영분석이나 혹은 재무분석과는 다르다. 인간의 존엄성을 실현하기 위해 인간에 대한 깊은 이해를 기초로 창조적 대안을 추구한다.

비유하자면 이렇다. 1인칭은 나정부를 의미하며 여기서 정책의 주체 및 집행자로서 공급분석이 이루어진다. 이것은 효율성 차원이다. 정부 내부의 효율성과 관리의 경영적 측면이 강조되며 효율적 국정관리라고 부를 수 있다.

2인칭은 너국민 혹은 나와 너정부와 국민 간의 민주적 관계와 절차를 의미하며 수요분석을 필요로 한다. 이것은 민주성 차원이다. 정부의 내부와 외부 간 대화와 소통이 강조되는 등 민주적 국정관리를 의미한다.

3인칭은 복수의 대명사로서 우리공동체를 말한다. 자유과 공동체의 성찰 및 철학의 지향점을 필요로 하며, 이는 상호작용적 거버넌스 혹은 환경 분석을 필요로 한다. 이는 성찰성 차원이다. 인간의 존엄성, 신뢰받고 성숙한 공동체와 같은 공동체 전체 차원의 공감과 성찰을 분석한다.

이처럼 효율이 1인칭적인 역량 강화, 민주가 나와 너의 관계적 의미를 지닌다면, 성찰은 3인칭으로 거듭나는 자유와 공동체의 상호작용적 성숙을 의미한다. 나와 너, 지금 세대와 다음 세대를 성찰하는 제3의 이성이 필요하며, 그리하여 개인적으로는 인간의 존엄을 실현하고, 단체적으로는 성숙한 공동체를 실현하는 성찰성이 필요하다고 볼 수 있다.

이러한 1−2−3 인칭 비유는 철학적, 신학적인 뿌리를 가지고 있다.

구약, 신약, 불경과 같은 종교 경전에는 창조주 하나님과 창조된 피조물와의 영적 친밀감과 소통이 강조되어 왔다. 가령, 에녹Enoch은 구약 성경의 창세기에 등장하는 인물로 365년을 살았는데 300년이 넘는 영적 친밀함과 소통, 믿음 속에서 '하나님과 동행하더니 하나님이 그를 데려가시므로 세상에 있지 아니 하였더라.'라는 구절로 유명하다. 이는 에녹이 죽음을 겪지 않고 하늘로 올라갔다는 의미로 해석되며, 그가 유일하게 죽음을 경험하지 않은 초자연적 인물 중

하나로 여겨진다. 불경은 창조주라는 용어를 사용하지는 않지만, 존재의 근원인 불성에 대한 간절한 믿음으로 '아미타부처님'이 주관하시는 서방정토西方淨土 극락세계極樂世界로 왕생할 수 있다고 가르친다.

창조주와 창조물, 부처와 중생, 근원과 개체. 이것은 어머니의 자궁과 태아처럼 혹은 음과 양의 양자 얽힘처럼 떼려야 뗄 수 없는 그리움과 본원적 사무침을 묘사한다.

정부와 시민 그리고 상호작용도 이와 같아야 한다. 정부는 어려운 환경 속에서도 시민들의 처지를 살피고 성찰하며 그들의 어려움과 절박함을 정책에 반영해야 한다. 특히 기후변화와 재난 같은 어려운 상황에서는 더욱 기민하게 반응하며 신속하게 주민들의 생명을 보호하고 도와주어야 한다.

그림 2-4 정책학의 철학적 토대

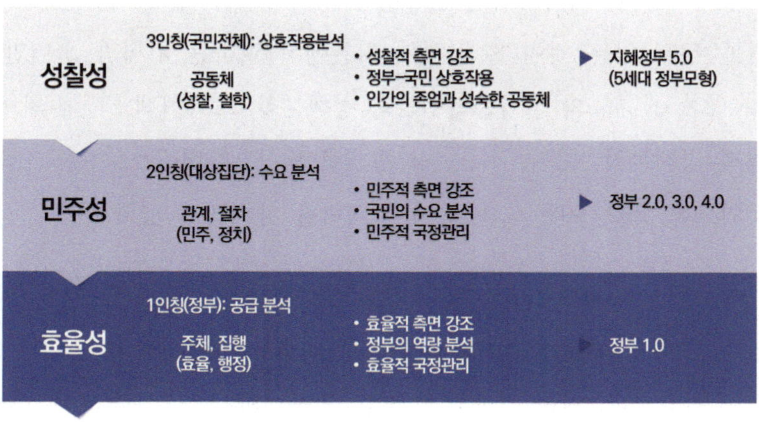

6. 정책학과 성찰성

찰스 앤더슨Charles Anderson, 1993: 215-227은 정책학이 추구해야 할 이성으로서 제3의 이성을 제시했는데, 그것은 곧 성찰성을 의미한다.

찰스 앤더슨Charles Anderson은 인간행위의 이성을 설명하는 3가지 틀을 제시했는데, 그것은 1) 공리주의적 경제모형utilitarian calculation, 2) 자유주의적 정치모형liberal rationalism, 3) 실천적 이성에 기초한 숙의모형practical reason and deliberative democracy이다. 그리고 그는 제1의 이성으로서의 공리주의적 경제모형과 제2의 이성으로서의 자유주의적 정치모형만으로는 한계가 있다고 주장하면서, 실천적 이성에 기초한 숙의모형이야말로 민주주의 정책학을 실현하는 중요한 정책분석모형이 되어야 한다고 강조했다권기헌, 2007: 198.

이는 경제학적 효율성, 정치학적 민주성을 넘어서 제3의 이념이 필요함을 시사하는 것이다. 말하자면, '성찰성'이라는 제3의 이성은 하나의 포괄적 개념이지만 전통적인 정책학 이론에 그 인식론적 근거를 두고 있는 것이다. 정책학 이론에서 말하는 카힐과 오버만A. Cahill & S. Overman의 후기합리주의적 정책분석, 드라이젝J. Dryzek의 숙의적 정책분석, 피셔F. Fischer의 정책적 탐구, 하버마스J. Habermas의 숙의모형 등도 모두 이와 유사한 맥락을 제시하고 있다.

라스웰H. Lasswell, 1949, 1951의 정책학의 핵심 키워드는 인간의 존엄성이고, 이를 현대에 맞게 제대로 구현하려면 정책이념의 명확한 설정이 필요하다. 이는 기존의 효율성, 민주성과 또 다른 의미의 차원을 필요로 한다. 성찰 혹은 성찰성으로 불리는 이 차원은 공공영역의 장담론의 활성화를 통해 개인 영역에서는 인간의 존엄성, 공동체 영역에서는 신뢰받고 성숙한 공동체 구현을 의미하는 것으로 해석할 수 있다.

7. 하버마스와 성찰성

독일의 철학자 위르겐 하버마스W. Habermas는 '사회적 비전과 꿈Social Vision & Dream'을 강조하였다. 그는 다음과 같이 말했다. 18세기 말 계몽주의 철학자들이 인류사회를 자유, 평등, 박애 등을 통해 사회적 비전과 꿈을 실현시키려 노력했으나, 세계는 자유주의와 공산주의 등 이념으로 갈라져 전쟁과 갈등 속에서 100년 이상을 소모하였다. 하지만 지금이야말로 계몽주의 철학자들이 못다 이뤘던 '미완의 프로젝트Unfinished Project'의 재개再開, reopening를 통해 역사적 진보와 완성된 미래를 추구해야 할 때라는 것이다.

이러한 프로젝트의 핵심은 어떻게 하면 인간의 능력을 폐쇄적, 단선적 형태로부터 해방시켜 세계를 개방과 조화로 연결시킬 것인가의 문제인 바, 새로운 형태의 '미완의 기획'Unfinished Project을 위해서는 과감한 성찰이 필요하며, 이를 토대로 전자정부를 활용한 공공영역의 회복과 건강한 담론의 활성화가 필요하다. 그리고 이를 통해 인간의 존엄성에 보다 근본적으로 다가가려는 '새로운 정책기획'New Policy Project이 필요하다고 보았다. 이러한 취지와 정신의 근원에 성찰성이라는 개념이 연원淵源하고 있다.

8. 매슬로와 성찰성

매슬로Maslow, 1954는 인간욕구이론에서 인간이 성장함에 있어 필요한 다섯 가지 단계의 욕구를 제시한 바 있다. 그것은 생리적 욕구, 안전적 욕구, 사회적 욕구, 자기존중욕구, 자아실현 욕구이다. 그의 제자들은 후에 세 단계의 욕구를 추가했는데, 그것은 인식적 욕구,

심미적 욕구, 초월적 욕구이다.

조직심리학자 앨더퍼Alderfer, 1969는 조직의 성장욕구를 ERG이론으로 정리했는데, 그것은 생존Existence, 관계Relatedness, 성장Growth을 의미한다. 조직 역시도 기관형성institution building이라는 단계를 통해 생존하며 타 조직과 우호적 관계혹은 적대적 관계의 방어를 통해 성장하는 단계를 거친다. 조직도 생존적 단계, 관계적 단계를 거쳐 성찰 혹은 성장하는 단계를 거치는 것이다.

플라톤은 개인과 국가 사이에 현저한 유사성이 있다고 그의 『국가론』에서 주장했다. 국가라는 것은 '확대된 인간'과 같다고 본 것이다. 그는 이상적 인간의 조건을 연구하는 것이 윤리학이라면, 이상적 국가의 조건을 연구하는 것이 정치학이라고 보았다.[21] 이러한 사상은 아리스토텔레스에 의해서도 그대로 계승되었다. 이러한 철학자들의 사상을 받아들인다면 우리는 질서가 정연한 바람직한 사회를 '높은 단계의 플랫폼'을 이룩한 사회라고 말할 수 있을 것이다.

그렇다면, 인간, 조직과 마찬가지로 국가 역시 탄생하여 경제적 토대와 안보적 토대를 통해 생존하고 대내 혹은 대외적으로 민주적 관계를 통해 성장하며, 더 나아가 국민 개개인들의 인권, 존엄성, 자아실현 등을 통해 신뢰받고 성숙한 공동체를 구현하는 높은 단계의 욕구를 실현함으로써 국가의 완성을 향해 노력하는 것으로 이해할 수 있다.

9. 좋은 정부란 무엇인가?

좋은 정부란 효율성, 민주성, 성찰성이 조화를 이룬 정부라고 할 수 있다.

첫째, 효율적인 정부이다. 일회 방문One-stop, 무회 방문Non-stop, 상시 방문Any-stop과 같은 민원행정을 통해 국민의 편익을 극대화하고, 종이 없는 사무실 등을 통해 비용을 절감하며, 부패가 없고 투명한 행정을 실현하며, 중앙 정부 내 부처 간 혹은 중앙과 지방의 디지털 신경망 구축을 통해 효과적이고 신속한 정책결정 및 집행을 가능케 하는 정부가 효율적 정부이다.

둘째, 민주적인 정부이다. 디지털 민주 정치참여를 구현해서 민의를 국정에 신속하게 반영하고, 정책과정에서 시민의 참여를 권장함으로써 창의적이고 신속한 거버넌스를 구현하는 정부가 민주적 정부이다.

셋째, 성찰적인 정부이다. 국민 개인의 인권과 존엄성 구현, 더 나아가 신뢰받고 투명하며 성숙한 공동체를 구성해서 시민의 자아실현과 자아완성을 도와주는 정부가 성찰적 정부이다. 이는 국정 최고 지도자의 성찰적 마인드와 정책 접근을 통해 가능하며, 담론과 공공영역의 장을 긍정적 방향으로 활성화시킴으로써 우리 사회를 한 단계 더 성숙시킬 때 가능해진다.

그림 2-5 좋은 정부

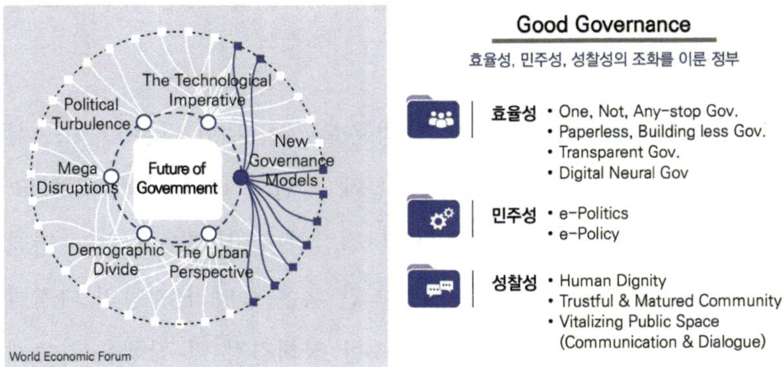
The Technological Imperative
Political Turbulence
New Governance Models
Mega Disruptions
Future of Government
Demographic Divide
The Urban Perspective
World Economic Forum
Good Governance
효율성, 민주성, 성찰성의 조화를 이룬 정부
효율성
• One, Not, Any-stop Gov.
• Paperless, Building less Gov.
• Transparent Gov.
• Digital Neural Gov
민주성
• e-Politics
• e-Policy
성찰성
• Human Dignity
• Trustful & Matured Community
• Vitalizing Public Space (Communication & Dialogue)

제3장

칸트와 퇴계, 다시 재조명

Deep Theory

Deep Theory

지적 탐구(1)

칸트의 도덕법칙

칸트는 인간 존엄을 규정하는 핵심 원리를 도덕법칙이라고 보았다. 그에게 있어 도덕법칙은 형이상학적 질서를 나의 내면에서 구현하는 원리였다. 인간에게는 선善 의지가 있어 자신의 가슴에서 도덕률을 세우고 그 법칙에 맞게 자신을 실현해 나가야 한다. 따뜻함과 친절함은 인간이라면 가져야 하는 도덕적 의무이며, 자신 가슴속에 내재하는 도덕법칙을 따를 때 인간은 누구나 높은 차원의 자신SELF을 구현할 수 있다는 것이다.

칸트는 생활 규칙에서의 엄정함 끝판왕이었다면, 그의 학문 체계는 깔끔함에 심오함까지 갖췄다. 그때까지 내려오던 철학체계를 인식론관념론으로 깔끔하게 정리했다. 초월적 감성, 초월적 지성, 초월적 이성으로 이루어진 그의 감성→지성→이성의 변증법은 모든 인간 내면에 공통적으로 자리 잡은 마음의 인식체계를 깊이 있게 정리한 것이다<그림 3-1> 참조.

바깥 대상에 대한 경험적 직관은 내면에 존재하는 12범주의 사고 틀을 거치면서 경험과 선험의 변증법적 과정 속에 우리의 인식으로 자리 잡는다. 나의 내면에 공통으로 자리 잡고 있는 사고와 판단의 선험적 틀이 존재한다는 의미이다. 그리하여 칸트는 초월적 실재에서 도출된 도덕법칙이 내 내면에서 실천이성으로 빛날 수 있다고 보았다. 인간은 각자 자신 내면에 존재하는 선善 의지를 활용하여 도덕법칙에 도달할 수 있다고 본 것이다.

그림 3-1 칸트 『순수이성비판』 요약

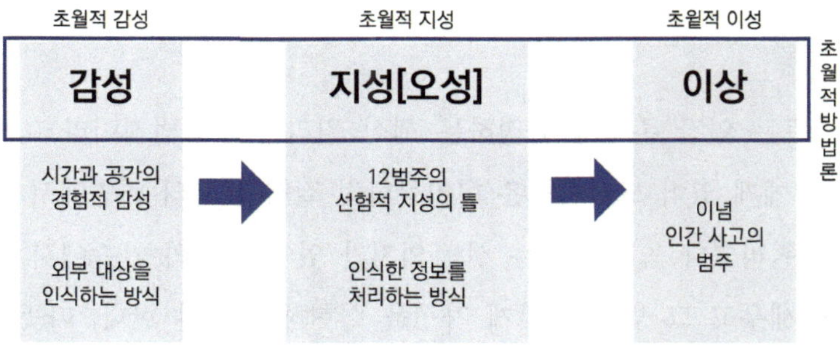

* 자료: 임마뉴엘 칸트. 2016. 『순수이성비판』 정명오 옮김. 동서문화사. 지혜의 빛, 『칸트: 순수이성비판』 인문학의 숲에서 수정.

지적 탐구(2)
퇴계의 형이상학적 원리

퇴계는 인간 존엄을 규정하는 핵심 원리를 '리'理라고 보았다. 그에게 있어 '리'理는 근원의 질서를 규명하는 원리로서 순선무악純善無惡, 오로지 선하고 악은 없는 지고지순한 원리였다. 그것은 자연히 그럴 수밖에 없는 소이연所以然의 원리였고, 마땅히 그래야만 하는 소당연所當然의 원리였다. 봄이 되면 싹을 틔우는 인자함仁의 원리, 여름이 되면 무성하게 피어나는 예절禮, 가을이 되면 엄정한 심판의 정의로움義, 겨울이 되면 다시 다음 해를 기다리는 지혜智의 원리가 한시도 게으름 없이 돌아가고 있었다. 그러한 원리를 닮아야 하는 인간은 인의예지를 배워야 하고, 그것은 최종적으로 '주체성－창의성－의식성'으로 나타났다.

하지만 형이하학의 세계는 인간의 기질로 움직이니, 가선가악可善可惡, 선과 악이 혼재한 세상이었다. 인의예지仁義禮智를 모르는 사람들은 희노애락喜怒哀樂에 빠져 높은 삶으로 나아가질 않으니 오직 인간의 기질을 교정함으로써 높은 차원의 질서를 복원할 필요가 있었다. 즉, 인간의 기질에는 청탁수박淸濁秀駁이 있어 맑고 빼어난 사람도 있지만 탁하고 얼룩진 사람도 있으니 오직 배움과 수양을 통해 높은 차원의 원리를 구현해 나가야 한다고 보았다.

퇴계는 '리'理를 중심으로 이와 기의 순환, 생명의 연속성을 설명했다. 근원에서 형이상학과 형이하학은 긴밀히 연결되어 있으며, 그 본질은 변치 않고 지속되었다. 우리가 먹는 음식, 공기, 불의 기운 중에 포함된 생명의 정기精氣가 맑고 밝은 기운을 이루고 이것이 우주 의식인 '리'理의 본질이라면, 그리하여 '리'理는 '기'氣를 이루고 '기'氣는 다시 '리'理로 순환되는 가운데, 그 근원에서의 본질은 변치 않고 이어지고 있었다.

그림 3-2 동양철학의 우주론

<table>
<tr><th colspan="4">동양철학의 우주론</th></tr>
<tr><td rowspan="3">이(理)
원리
(형이상학)</td><td colspan="3">형이상학의 세계(선천: 純善無惡의 세계) → 높은 차원의 의식(眞善美)</td></tr>
<tr><td rowspan="2">근본 원리와 도덕 법칙
→ 소이연, 소당연</td><td>소이연
(所以然)</td><td>만물에 내재된 근본 원리</td></tr>
<tr><td>소당연
(所當然)</td><td>인간이 따라야 할 도덕 법칙</td></tr>
<tr><td rowspan="2">기(氣)
기질
(형이하학)</td><td colspan="3">형이하학의 세계(후천: 可善可惡의 세계) → 낮은 차원의 의식(貪嗔痴)</td></tr>
<tr><td colspan="3">청탁수박 기질로 나타남 → 청수(淸粹)와 탁박(濁駁) → 선과 악이 발생</td></tr>
</table>

* 자료: 주자《《大學章句》》, 배완우 《〈동양윤리〉에서 수정.

그림 3-3 동양철학의 개체론

<table>
<tr><th colspan="4">동양철학의 개체론</th></tr>
<tr><td rowspan="3">성(性)
선천의 본성
형이상학</td><td colspan="3">심층의식: 본연지성 → 높은 차원의 의식(眞善美)</td></tr>
<tr><td rowspan="2">仁義禮智 원리</td><td>소이연
(所以然)</td><td>인간이 따라야 할 근본 원리</td></tr>
<tr><td>소당연
(所當然)</td><td>인간이 따라야 할 도덕 법칙</td></tr>
<tr><td rowspan="2">정(情)
후천의 감정
형이하학</td><td colspan="3">표층의식: 기질지성 → 낮은 차원의 의식(貪嗔痴)</td></tr>
<tr><td colspan="3">淸粹濁駁 기질 → 칠정(희노애락애오욕)</td></tr>
</table>

* 자료: 주자《〈大學章句》〉, 배완우《〈동양을리〉)에서 수정.

지적 탐구(3)
높은 차원의 국가론

유교에서는 근원의 원리를 '원형이정'元亨利貞이라는 말로 표현한다. 계절의 변화 역시 단순히 눈으로 보이는 자연의 변화만이 아니라 눈에 보이지 않는 하늘의 4가지 덕德을 의미한다는 것이다. 글자를 파자破字형식으로 뜯어보면, '원'元은 만물이 시작되는 봄목木의 기운을 의미하는 말로 사랑의 '인'仁의 의미를 담고 있으며, '형'亨은 만물이 성장하는 여름화火의 기운으로 '예'禮를, '이'利는 만물이 결실을 이루는 가을금金의 기운로서 '의'義를, '정'貞은 갈무리하여 다음을 기다리는 겨울수水의 기운로서 '지'智를 의미한다.

『사자소학』에 '원형이정元亨利貞은 천도지상天道之常이요, 인의예지仁義禮智는 인성지강人性之綱'이라고 되어 있다. 원형이정은 천도의 영원함이요, 인의예지는 인성의 도리라는 것이다. 즉, '인의예지'仁義禮智는 하늘의 품성을 닮기 위해 인간에게 꼭 필요한 덕목을 말한다. 이처럼 유교는 하늘의 원형이정 원리가 형이하학의 땅에서는 인의예지의 원리로 구현되어야 한다고 보았다.

하지만 현재 인간이 살아가는 철학적 기반이 흔들리고 있다. 우리의 선조로부터 내려오던 우리의 민족정기 속의 원형이정과 인의예지의 철학은 사라지고, 사람이 사람답고자 하는 높은 정신은 잊히고 있다.

칸트의 선善의지의 원리가 원형이정과 인의예지의 정신에 모두 담겨 있고, 퇴계가 말했던 성학의 바른 도리는 높은 차원에서 국가가 새겨야 할 원리이다. 백성은 제대로 먹고 입고 자며 생업을 누리면 탈이 날 이유가 없다. 국가와 사회의 지도자가 이런 이치를 알고 대덕大德을 이루면 존경을 받을 수 있을 것이다.

지적 탐구(4)

불교는 뭐라고 했는데?

불교는 근원에서 발생하는 형이상학적 질서가 아뢰야식에서 구현된다고 보았다. 아뢰야식은 인간의 모든 경험과 정보를 담고 있는 장場이니, 마치 봄날에 싹을 틔우기 전 땅 아래 세계처럼 모든 가능성과 씨앗, 정보와 기회를 함유하고 있었다. 그것은 입자로 구현되기 전 파동과 주파수 형태로 잠재되어 있었다. 그러니 아뢰야식은 현대 과학의 언어로 말하면 양자장場이다. 미세한 진동의 양자 의식으로 구성된, 우리가 살고 있는 현상계 이면에 존재하는 근원적인 정보와 의식의 장場이다. 근원은 파동으로 연결되어 있고 파동은 서로 얽혀있으며, 그 심층의식에서 형성된 정보와 의지는 현실의 장場에 나타난다.

선인선과善人善果, 악인악과惡人惡果. 선한 씨앗을 보유한 사람은 선한 결과를 낳고, 악한 씨앗은 악한 결과를 낳는다.

아뢰야식은 한 단계 내려와 우리의 잠재의식인 말나식에게 명령하고, 말나식은 우리의 현재표층의식을 지배한다. 따라서 인간은 배움과 수양을 거치지 않으면 육체의 동물성獸性을 벗어날 수 없다. 자신의 육체를 보존하고 자신의 생존과 이익에 충실할 수밖에 없는 야성野性은 인간이 보다 높은 차원의 정신적 존재로 나아가는 데 장애障礙로 작용한다.

그래서 불교에서는 죽음이나 단절이 원래 없다고 보았다. '근원'에서 형이상학과 형이하학은 긴밀히 연결되어 있으며, 그 본질은 변치 않고 지속된다. 형이상학의 아뢰야식이 형이하학의 현재의식으로 내려와 연결되는 것이다. 생사生死는 중생의 착각일 뿐 생명의 흐름은 중단된 적이 없었다. 우리가 보고 듣고 맛보는 모든 행위의 씨앗이 아뢰야식에 저장되고, 그 아뢰야식의 종자種子들은 현실에서 행위의 결과로 나타나니 육체의 죽음은 육체의 소멸일 뿐 생명의 흐름에는 단절이 없다. 우리가 먹는 음식, 공기, 불의 기운 중에 포함된 생명의 정기가 맑고 밝은 기운shatwa을 이루고 이것이 불성佛性의 본질

그림 3-4 아뢰야식과 현재의식의 연결

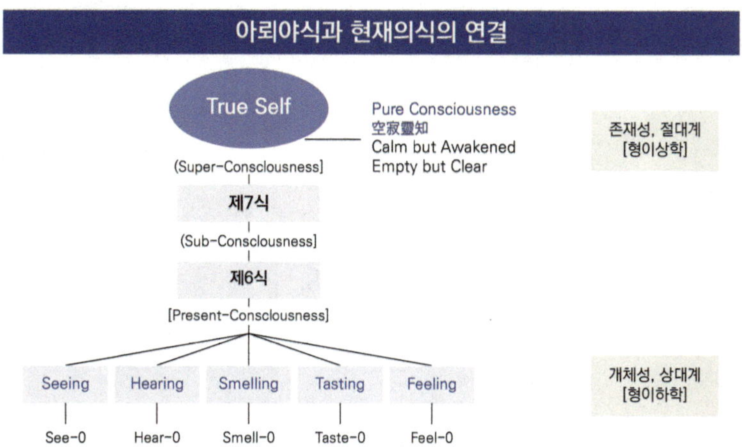

이라면, 더군다나 인간의 본질은 육체體가 아니고 그 안의 기운의 정수인 샤트와shatwa로 이루어진 불성識이라면 어찌 죽음이나 단절을 논할 수 있겠는가. '근원'에서는 모두가 하나로 연결되어 있다.

지적 탐구(5)
형이상학과 형이하학의 연결

이처럼 형이상학은 눈에 보이지 않으나 형이하학과 밀접히 연결되어 있다. 형이상학은 절대적 차원으로서 존재성의 세계를 구현한다. 그것은 눈에 보이지 않는 주파수와 파동으로 연결되어 있으나 우리 현상계 이면에서 현상계의 질서를 선험적으로 결정한다. 개인적 차원에서도 자신이 세상에서 겪은 경험과 정보는 이러한 아뢰야식 차원에 저장되면 향후 그 사람의 운명에 개입한다. 우주의 보편법칙에 맞지 않은 생각이나 행동은 향후에 카르마로 작용하여 그 사람에게 책임을 부과한다.

사회과학은 그동안 눈에 보이는 현상계만을 규정해 왔다. 형이상학의 질서는 눈에 보이지 않는다는 이유로 배제되어 온 것이다. 하지만 세상이 많이 바뀌었다. 양자물리학이 나와 보이지 않는 세계와 그 패턴에 대해서 자세하게 밝히고 있다. 따라서 지금은 형이상학의 가치를 현실에 도입할 수 있는 때이다. 그러니까 지금은, 사회과학 또는 정책학의 가장 중대한 과제 중의 하나는 어떻게 하면 형이상학과 형이하학을 매끄럽게 연결시킬 것인가 하는 문제인 것이다.

① 형이상학과 형이하학의 연결은 어떻게 사회과학에 도입할 수 있는가?
② 형이상학적 질서와 형이하학적 질서를 어떻게 연결할 것인가?
③ 형이상학적 질서와 보이지 않는 가치를 어떻게 대리 변수로 만들고 측정할 것인가?

그림 3-5 형이상학과 형이하학의 연결

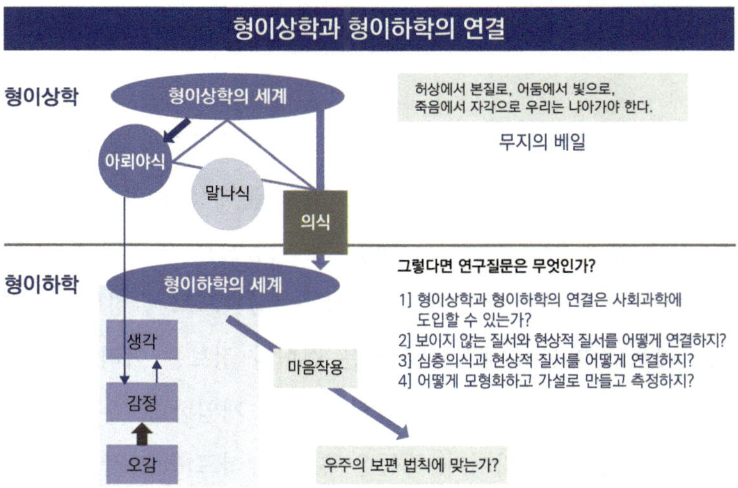

지적 탐구(6)
그래서 뭘 말하려는 거야?

인간의 심층의식, 허범, 퇴계, 칸트, 불교는 모두 인간의 현재表層意識만으로 살아가는 존재가 아니고 보다 깊은 차원과 연결되어 있음을 말하고 있다. 인간과 사회는 눈에 보이는 형이하학의 질서로만 살아가는 것이 아니고, 보다 깊은 차원의 눈에 보이지 않는 질서와 연결되어 있다는 것이다. 그러니 정책학이 효율성과 민주성만을 말하는 것은 어불성설語不成說이며, 눈이 보이지 않은 질서를 규정하는 제3의 이념을 담아야 한다.

제3의 이념은 인간을 목적과 주체로 대하는 정책원리여야 하며, 정책을 설계함에 있어 효율과 절차만을 따를 게 아니라 보다 높은 차원의 질서를 담아야 한다. 그것은 수평적 공동체와 수직적 미래를 고려하는 인간 내면의 실천적 이성이며, 더 나아가 인간 내면에 존재하는 깊은 행정적 수요와 그에 부응할 수 있는 공급적 역량, 더 나아가 그들 간의 진정어린 상호작용적 태도로 나타나야 한다. 다시 말해, 정책학은 기존의 효율적인 목적 구조를 넘어 '존재론적 성찰성'Ontological reflexivity을 고려한 새로운 모형으로 거듭나야 한다.

그림 3-6 정책학의 새로운 모형

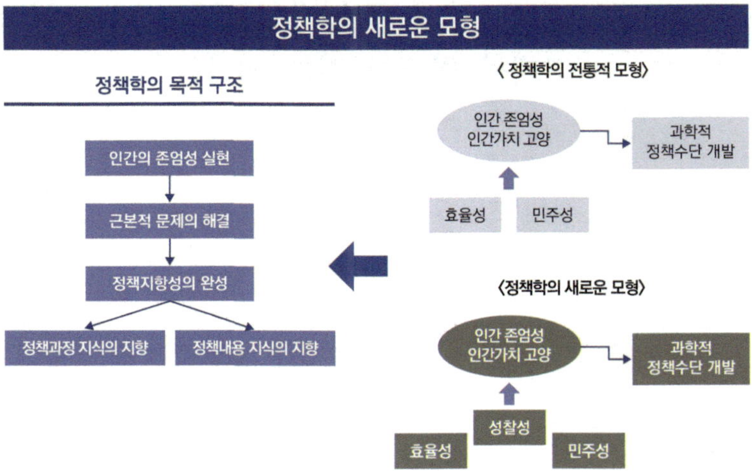

제4장

정책학의 새로운 분석

Deep Theory

Deep Theory

정책학의 새로운 패러다임

정책학의 새로운 이론은 인간 존엄이라는 형태를 '주체성 – 창의성 – 의식성'으로 구현해야하고, 효율만을 지상 과제로 삼는 행정의 원리를 넘어 '목적과 주체로서의 인간'을 구현할 수 있어야 한다. 낮은 단계의 플랫폼에서는 눈에 보이는 질서만을 좇는다. 하지만 높은 단계의 플랫폼으로 가려면 높은 철학과 이념을 담아내야만 한다. 전통적 정책이념 역시 주관적 극대화의 원리에 기초한 실천적 이성을 담아내되 인간의 존엄성을 '주체성 – 창의성 – 의식성'이라는 명제로 발전시켜야 한다.

그림 4-1 정책학의 새로운 패러다임

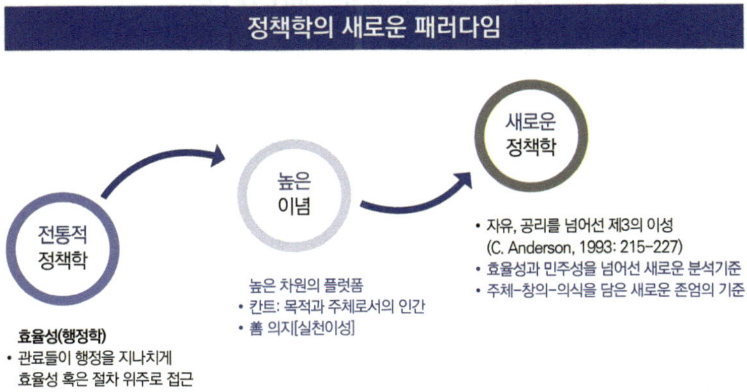

지적 탐구(1)

개인-단체-정부의 연결고리

그럼, 어떻게 분석할건데?

우선 먼저 고려할 사항은 개인의 의식이 심리학 차원에서 끝나는 문제가 아니라 조직단체, 더 넘어서 정부의 원리와도 연결된다는 점이다. 아래 그림에서 보듯이, 인간의 의식에 관한 모형은 아브라함 매슬로의 욕구단계이론에 잘 나타나 있다. 인간은 태어나서 생리적 욕구, 안전적 욕구, 사회적 욕구를 넘어 자아존중과 자아실현의 길로 나아간다. 그것은 육체의 생존을 넘어 정신적 아름다움을 추구하는 길이다. 정신적 아름다움은 세 가지로 나타나는데 그것은 1) 형이상학적 진리를 파악하려는 지적 욕구眞, 2) 남을 도우려는 선한 마음善, 3) 최고의 아름다움을 구현하려는 미학적 욕구美이다. 그리하여 마침내 인간은 초월적 단계에 도달할 수 있다.

그런데 조직단체도 유사한 과정을 거친다. 조직 역시 처음에 탄생하면 시장에서 살아남아야 하며생존욕구, 유사한 조직들과 인수합병의 과정을 거치면서 좋은 관계를 맺고 최종적으로 성장해 나간다관계 욕구와 성장욕구. 이를 조직이론가 Alderfer는 ERG이론이라고 불렀다.

더 나아가 정부도 같다. 국가 역시 처음에 탄생하면 국제 체제에서 살아남아야 하며, 경제적 인프라를 구축하고 국방 치안을 강화하여 나라의 안정과 부강을 꿈꾼다. 또한 양자외교, 다자외교를 통해 주변 국가들과 선린우호, 민주적 관계를 형성하면서 외교적 위상을 높인다. 하지만 최종적으로는 강력한 문화유산을 남김으로써 위대한 국가로 성장하고 싶어 한다. '강력하면서도 위대한 국가'를 꿈꾸는 것이다. 이는 다음 절에서 보듯이, 국가이념의 '효율성–민주성–성찰성'으로 이어진다.

그림 4-2 개인-단체-정부의 연결고리

지적 탐구(2)

정책이론의 심층체계

정책이론의 심층체계는 효율성, 민주성, 성찰성으로 정리할 수 있다94페이지 <그림 4-3> 참조. 기존의 효율성, 민주성에다 성찰성을 더한 개념이다. 이것은 국가의 발전단계로 비유해 볼 수 있다. 먼저, 경제적이고 행정적 차원에서 관리이념 및 방법으로서 효율성을 다지고, 정치적 차원에서 정치제도 및 절차적 관점에서 민주성을 지킨다면, 더 나아가 국가는 철학적 비전을 가져야 한다. 궁극적 가치와 이념을 담은 그 철학적 비전은 인간적으로 보람되고 정신적으로 아름다우며 물질적으로 풍요한 사회다. 우리는 물질적으로 풍요롭고 정신적으로 아름다우며 인간적으로 보람된 사회를 만들기를 원한다. 그것을 종합하는 국가 혁신의 비전은 효율적, 민주적, 성찰적 국정관리 모형으로 정리할 수 있다. 마치 인간이 육체로 태어나지만 성장하여 정신적 아름다움을 꽃피우듯이, 국가도 생존과 안전, 번영을 넘어 고귀한 정신적 유산을 남길 수 있는 위대한 국가가 되어야 한다.

우리가 사회과학에 있어서 어떤 현상을 분석할 때 분석의 차원level of analysis이라는 개념이 나온다. 그것은 대개 세 단계의 차원으로 나뉘는데, 첫째, 감각적 현실을 의미하는 기술적 차원, 둘째, 질서와 절차를 의미하는 구조적 차원, 셋째, 보다 높은 가치를 지향하는 궁극적 차원을 생각해 볼 수 있다. 즉, 기술적 차원, 구조적 차원, 철학적 차원의식, 궁극 가치, 세계관이 그것이다.

먼저, 기술적 차원은 운영적 수준에서의 효율성을 의미하며, 구조적 차원은 제도나 절차 수준에서의 민주성을 의미한다. 더 나아가 철학적 차원은 보다 근본적 차원에서의 이념, 궁극적 가치, 의식을 의미한다. 첫째 차원은 정책 집행과 행정에서의 방법론을 의미하며, 둘째 차원은 정책과 제도 설계에 있어서 민주적 절차를 의미하며, 셋째 차원은 존재론적 관점에서의 궁극적 이념과 철학적 가치를 의미한다.

이러한 세 단계의 구조는 학술적으로 근거를 가지고 있다. 오스트롬Elinor Ostrom, 2010이 말하는 운영 차원Operational level, 집단 선택 차원Collective choice level, 헌법 차원Constitutional level과 유사하며, 물리적 속성, 규칙적 속성, 규범적 속성에 해당한다.22 또한 휴프와 힐Hupe & Hill, 2005이 '거버넌스의 심층구조 분석The Three Action Levels of Governance'에서 말한 개인, 조직, 체제 혹은 하위게임, 중간게임, 상위게임에 해당하는 것이다.23

정책학의 성찰성reflexivity은, 이런 관점에서 보면, 행위자－구조－맥락을 인식하고 재형성하는 메타 인지적 과정이며 새로운 질서에 대한 통찰이다. 이는 단순한 정책의 테크노크라시technocracy가 아니라, 존재론ontology과 심층적 성찰deep reflection에 기초한 정책형성을 의미한다. 정책의 '궁극 가치', 즉 '정의란 무엇인가', '국가는 왜 존재하는가'와 같은 존재론적 질문을 던지며 정책학의 형이상학적 기반을 다지는 철학적 토대를 말한다. 진정한 정책 성찰은 전통적 인식의 틀을 넘어서는 것이며, 기존 의식의 전환을 요구한다.

요컨대, 정책학의 성찰성reflexivity은 전통적 의미의 정책학 범주를 넘어 형이상학과 존재론적 기반과 접목되면서 그 깊이를 더한다. 이는 정책학이 단순한 제도 설계를 넘어, 정책가의 존재론적 각성, 의식의 확장, 그리고 정책이 세계를 창조하는 근본 동기임을 일깨워준다.

그림 4-3 정책이론의 심층체계

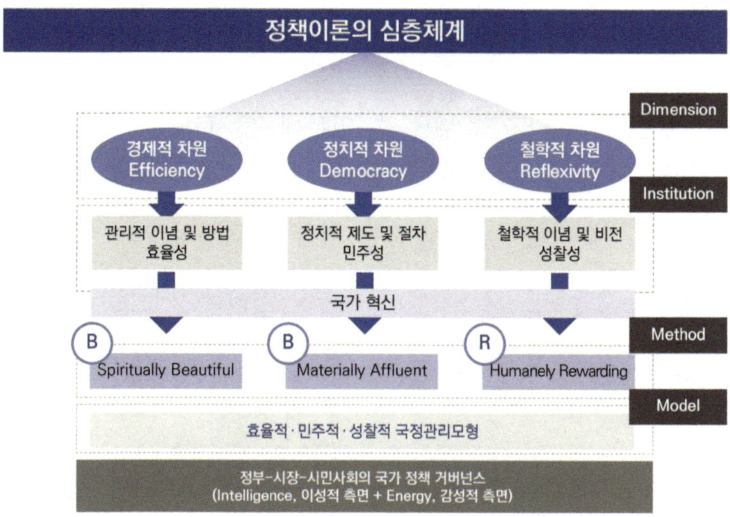

지적 탐구(3)

정책의 품격

정책에도 품격이 있다. 높은 단계와 낮은 단계가 있다.

정책의 높은 단계에서는 인간의 존엄에 해당하는 차원을 분석한다. 그것은 품격이라고도 부를 수 있는데, 앞서 말한 대로, 주체성 – 창의성 – 의식성을 분석한다. 그것은 정책의 품적 차원인데, 여기에 해당되는 세부 분석 기준으로는 적합성, 적정성, 대응성, 형평성 등이 있다.

① 정책이 얼마나 시대적 가치와 국민적 욕구에 적합하게 부응하는가?

② 정책이 얼마나 시간과 예산이라는 관점에서 적절하게 추진되는가?

③ 정책이 얼마나 정책대상집단의 요구에 민감하게 대응하는가?

④ 정책이 얼마나 지역, 세대, 이념 등으로 고려된 다양한 집단들에게 형평적으로 다가가는가?

정책의 낮은 단계에서는 효과성, 능률성을 분석한다. 그것은 정책의 질적 차원인데, 정책이 챙겨야할 기술적 요소들이다.

① 정책의 목표달성도는 얼마인가?
② 정책이 예산, 시간, 인력 대비 얼마나 능률적으로 추진되는가?
③ 정책을 추진함에 있어 과거의 선례, 외국의 사례는 적절하게 참고하고 있는가?
④ 정책의 결과를 기록하고 다음 정책에서 학습이 일어날 수 있도록 충분히 피드백되고 있는가?

그림 4-4 정책의 품격

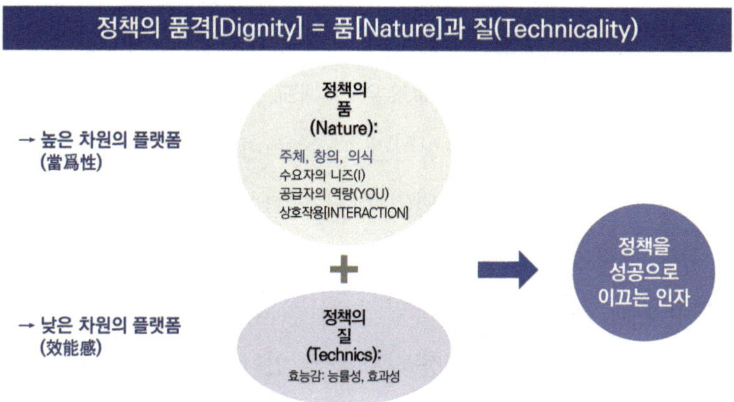

지적 탐구(4)

정책모형

정책모형은 정책현상을 분석하기 위해 구성된 지적 축조물an intellectual artifact of analysis이다. 새로운 정책모형은 성찰성에 초점을 둔다. 성찰성을 고려한 정책모형이란 단순히 비용-편익 및 비용-효과성에 맞춘 기존의 양적 측면의 정책분석의 한계를 극복하고 보완하기 위해 나타난 새로운 정책모형이다.24 다시 말해서 양적 측면의 정책분석 요소 외에 질적 측면의 정책분석 요소 중 최상위가치 분석기준인 성찰성을 고려하여 정책 내용에 인간의 존엄성을 실현하고 보다 존중하는 방향으로 이끌기 위해 제시된 정책모형이다.

성찰성은 라스웰H. Lasswell이 주장한 '민주주의 정책학'에 대한 이해에서부터 출발한다. 라스웰H. Lasswell의 민주주의 정책학이란 인간의 존엄성의 실현을 토대로 인간 사회를 더 나은 방향으로 진보시키는 것으로 요약된다. 즉, 가장 중요한 부분이 인간의 존엄성 실현이라고 할 수 있는데, 이때 인간의 존엄성은 '인류공동체적인 휴머니즘에 기초한 인류의 보편적 존엄성'이라고 보아야 한다권기헌, 2012: 154.

성찰성은 정책의 최상위가치에 대한 분석이념이다. 따라서 성찰성은 특정 정책이 인간의 존엄성 실현에 기여하는 정도에 대한 판단과 우리 사회를 좀 더 신뢰받고 성숙한 공동체로 구현하는 데 기여하는 정도에 대한 판단을 중시한다.

지적 탐구(5)

분석기준

새로운 분석기준은 효율성, 민주성 이외에도 성찰성을 고려한다. 성찰성이란 단순한 경제적 효율이나 정치적 민주를 넘어서 나, 너, 상호작용에 대한 깊은 성찰적 분석을 의미한다. 단순한 물질이나 제도적 절차를 넘어 나의 깊은 상황, 너의 깊은 상황, 상호작용에 대한 깊은 상황을 분석하는 것이다. 경제나 정치와 같은 현상학적 분석을 넘어 심층적인 분석을 요한다. 너주민들의 수요, 나정부의 역량, 주민과 정부의 상호작용에 대한 깊은 분석을 의미한다.

그 구체적 분석기준은 1) 정책의 수요분석: 정책대상집단의 수요에 기반한need-based 정책설계policy design인가?, 2) 정책의 공급분석: 정책공급정책동기의 공익성과 정책의 수혜로부터 소외된 집단에 대한 '소통'과 '배려'가 있는가?, 3) 정책의 상호작용 분석: 정책대상집단의 자각적 시민의식의 성숙과 민주적 정책네트워크의 참여를 통한 공급자와 수요자의 상호 작용적 거버넌스가 구현되고 있는가로 요약할 수 있다문상호 · 권기헌, 2009: 13-16. 위 내용을 보기 쉽게 표로 나타내면 다음과 같다.

표 4-1 새로운 정책모형의 분석기준

성찰성 분석기준	인간의 존엄성 실현	<제1조건> 정책대상집단의 수요에 기반한 정책설계(정책수요)
		<제2조건> 정책동기의 공익성과 소외집단에 대한 소통과 배려(정책공급)
	신뢰받고 성숙한 공동체	<제3조건> 정책대상집단의 자각적 시민의식의 성숙과 민주적 정책네트워크 참여를 통한 공급자와 수요자의 상호작용적 거버넌스의 구현(상호작용)

1. <제1조건> 정책대상집단의 수요에 기반한 정책설계인가? (정책수요)

첫째, 정책대상집단의 수요에 기반한 정책설계인가에 대한 내용은 정책수요에 기반한 정책설계는 성찰적 정책이 갖추어야 할 요건 중 수요 측면에서 요구되는 조건이다성찰적 조건의 제1조건. 즉, 정책분석에 있어 성찰성 기준은 먼저 정책의 수요 측면에서 해당 정책이 진정으로 정책대상집단의 필요에 부응하는가라는 물음을 제기할 것을 요구한다. 정책대상집단 전체가 진정으로 해당 정책을 필요로 하고 있는지 혹은 정책대상집단 중 일부만 필요로 하고 다른 일부는 미온적인지, 혹은 이에 더 나아가 반대의 입장을 지니고 있는지에 대한 정책수요조사가 필요하다. 여기서 정책대상집단은 국민의 전체가 될 수도 있고, 국민이나 시민이 일부 혹은 기능적으로 연계된 대상집단일 수도 있다. 만일 일부주장집단과 이탈집단가 반대하는 정책이라면 반대의 근거는 무엇인지, 그리고 객관적으로 그러한 반대의 근거가 얼마나 타당하고 조정 가능한지 면밀히 살필 필요가 있다.

2. <제2조건> 정책공급(정책동기)의 공익성과 소외집단에 대한 '소통'과 '배려'가 있었는가? (정책공급)

둘째, 성찰적 정책이 갖추어야 할 다음의 요건은 정책의 공급 측면에서 요구된다성찰적 정책의 제2조건. 정책동기의 공익성과 소외집단에 대한 '소통'과 '배려'가 있었는가를 분석하는 단계는 수요가 아닌 '공급'에 초점이 맞춰진 단계이다. 정책의 공급자가 자신의 이익을 위해 정책을 공급하는 것인지, 아니면 진정으로 정책대상집단의 요구를 받들어 그들의 후생을 증진시키려는 목적으로 정책을 공급하는 것인지를 가려내는 단계라고 할 수 있다. 정책 공급자의 이익이란 정치적 목적일 수도 있고, 관련 부처의 조직 이기주의에 해당하는 것일 수도 있다. 다시 말해, 실현된 정책의 결과와 정책 공급자의 목적 사이의 연관성을 분석해 내는 것을 말한다. 그리고 여기에 '성찰성'의 개념이 들어오게 되면 정책 공급자에게 '공공의 형평적 유익을 구하는 사회적 조정자'로서의 역할을 할 것을 요구한다. 정책이 시행되면 필연적으로 그 정책의 수혜를 입는 집단과 그렇지 못한 집단이 나뉘게 되는데, 이때 정책의 실현에 따른 비용을 떠안게 되는 비용부담집단과의 '소통'이 정책과정 중에 있었는지, 그리고 그들에 대한 따뜻한 '배려'가 있었는지를 이 단계에서 확인하고 평가하는 것이다.

3. <제3조건> 정책대상집단이 성찰적 정책을 수용할 의지가 있는가? 그리고 고양된 인간의 존엄성과 성숙한 공동체 의식을 지니는가? 자각적 시민의식의 성숙과 민주적 정책네트워크 참여를 통한 공급자와 수요자의 상호작용적 거버넌스의 구현은 이루어지고 있는가? (상호작용)

셋째, 정책대상집단이 성찰적 정책을 수용할 의지가 있는지 고양된 인간의 존엄성과 성숙한 공동체의식을 지니는지를 묻는다성찰적 정책의 제3조건. 즉, 신뢰받고 성숙한 공동체 실현의 조건으로서의 정책대상집단의 자각적 시민의식과 민주적 정책네트워크 참여 단계는 정책과정의 합리성이 정책수용자의 입장에서 충분히 납득할 만한지 그리고 정책대상집단이 성찰적 정책을 수용할 의지가 있는지와 그들이 '인간의 존엄성'과 '성숙한 공동체의식'을 지니는지에 대해 공급자와 수요자 쌍방의 상호작용적 관계를 묻는 단계이다.

이를 요약해 보자면, 먼저 정책이 앞의 두 조건을 만족한다고 하여도 정책대상집단 중에 무조건적인 반대를 하는 집단이 존재하면 아무리 성찰성이 뒷받침된 정책이라 하여도 성공하기 힘들 수 있을 것이다. 이러한 반대집단은 '자각적 시민의식'이 결여된 상태이며 정책 성공을 방해하는 큰 요인으로 작용하게 된다. 그리고 정책대상집단이 거버넌스에 책임감 있게 참여하는 정부의 파트너로서의 의식을 가지고 있는지도 확인해 보아야 한다. 한편, 보다 중요하게 이것은 정부가 정책대상집단을 배제한 채 독단적으로 정책운영을 하지 않는지에 대한 정부의 진정성과 타당성 확인을 의미하는 것이기도 하다. 또한 현대의 시대정신인 '거버넌스'의 이상은 자각된 시민의식으로부터 나오는 신뢰와 참여를 기초로 하는 사회자본의 토대 위에서 실현 가능할 것인데, 이에 성찰적 정책모형의 마지막 단계는 이러한 상호작용적 '거버넌스'의 실현을 묻는 것이라고 할 수 있다.

지적 탐구(6)
윌리엄 던의 정책분석 기준

윌리엄 던W. Dunn은 정책분석의 기준으로 소망성과 실현성을 제시했다. 그는 소망성desirability의 세부 요인으로 다음 여섯 가지를 제시했다.

① 효과성
② 능률성
③ 대응성
④ 형평성
⑤ 적정성
⑥ 적합성

그는 또한 실현성feasibility의 세부 요인으로 다음 여섯 가지를 제시했다.

① 정치적 실현가능성
② 경제적 실현가능성

③ 사회적 실현가능성
④ 행정적 실현가능성
⑤ 법적 실현가능성
⑥ 기술적 실현가능성

하지만 그는 '퇴락변수로 인한 오류'Omitted Variable Bias를 범했다. 이것은 계량경제학Econometrics에서 많이 사용되는 개념인데, 이것이 범해지면 연구결과의 타당성이 심각하게 왜곡된다. 즉, 그는 정책의 '바람직스러움'을 측정하는 소망성을 논의함에 있어서 실체적 소망성만을 말하고 절차적 소망성을 생략하는 오류를 범했다.

이에, 나는, 106페이지의 <그림 4-5>에서 보듯이, 절차적 소망성을 추가하고, 이를 전체적으로 다시 정리해 보았다. 그랬더니, '효율성-민주성-성찰성'으로 이어지는 3단계 정책분석의 종합적 기준이 완성되었는데, 그 과정을 말하자면, 효과성, 능률성을 낮은 단계의 기준, 즉 효율성으로 명명하고, 적정성, 적합성, 형평성, 대응성을 높은 단계의 기준, 즉 성찰성으로 명명했으며, 여기에 '빠졌던 변수' 민주성을 추가했던 것이다.

정리해 보면, 윌리엄 던W. Dunn이 말한 소망성에는 절차적 소망성이 빠져있었다. 이것을 추가해서 분석기준을 종합해 보니, 기존의 소망성은 민주성과 존재론적 당위성성찰성으로 분류할 수 있었다. 다시 말해, '바람직한' 정책은 정책의 절차적 가치인 민주성이 지켜지고, 더 나아가 정책이 지녀야 할 존재론적 당위성성찰성이 지켜질 때 확보되는 것이었다. 또한 '바람직한' 정책결정이란 형식적 타당성법적, 절차적 당위성뿐만 아니라 내면적 타당성존재론적 당위성까지 지켜질 때 확보되는 것이었다.

그렇다면, 정책의 존재론적 당위성이란 무엇일까?

그것은 다음 두 차원으로 나뉜다.

① 개인적 차원에서 인간의 존엄성을 보장 또는 고양시키는 것이며,
② 공동체적 차원에서 신뢰받고 성숙한 사회를 만드는 것이다.

한편, 그것은 다음 세 요소가 지켜질 때 가능해진다.

① 주체('나')
② 상대방('너')
③ 상호작용

① '나'는 정책 공급자이고
② '너'는 정책 수요자이며
③ 상호작용은 정부와 주민 상호 간의 연결 및 소통이다.

마지막으로, 그것은 다음과 같은 심층 분석을 필요로 한다.

① 정책 공급자로서의 도리와 역량에 대한 분석
② 정책 수요자의 니즈와 욕구에 대한 분석
③ 정부와 주민의 상호 작용속도와 빈도에 대한 분석

그림 4-5 정책분석의 새로운 기준

<table>
<tr><th colspan="9">정책분석의 새로운 기준</th></tr>
<tr><th>학자</th><th>기준</th><th>세부 기준
(W. DUNN)</th><th>수정이론 I
(GH KWON)</th><th colspan="2">세부기준</th><th>Modified II
(GH KWON)</th><th colspan="2">내용</th></tr>
<tr><td rowspan="4">W. Dunn</td><td rowspan="3">소망성
Desirability</td><td rowspan="3">적정성
적합성
형평성
대응성
효과성
능률성</td><td rowspan="2">실체적
소망성
(내용)</td><td colspan="2">적정성
적합성
형평성
대응성</td><td>성찰성
Reflexivity</td><td>인간의 존엄
성숙한 공동체
(Human right,
Justice,
Trustbuilding
Integrity)</td><td>수요(Needs)
공급(Capacity)
상호작용
(nteraction)</td></tr>
<tr><td colspan="2">효과성
능률성</td><td>효율성
Productivity</td><td>효과성
능률성</td><td>효율성</td></tr>
<tr><td>절차적
소망성
(과정)</td><td>민주성</td><td>참여
숙의
합의</td><td>민주성
Democracy</td><td>민주성</td><td>절차적 가치</td></tr>
<tr><td>실현성
Feasibility</td><td>정치적
경제적
사회적
행정적
법적
기술적</td><td>정치적
경제적
사회적
행정적
법적
기술적</td><td colspan="2">정치적
경제적
사회적
행정적
법적
기술적</td><td>정치적
경제적
사회적
행정적
법적
기술적</td><td>정치적
경제적
사회적
행정적
법적
기술적</td><td>정치적
경제적
사회적
행정적
법적
기술적</td></tr>
</table>

지적 탐구(7)

정책분석 기준의 완성

존재론적 당위성성찰성은 수요, 공급, 상호작용의 관점으로 나누어 볼 수 있다. 민주성은 절차적 민주성, 실체적 민주성으로 나눌 수 있고, 효율성은 효과성, 능률성으로 나누어 분석할 수 있다. 여기에 실현성에 해당하는 정치, 경제, 사회, 행정, 법, 기술적 실현가능성까지를 고려하면, 종합적 정책분석기준 테이블이 완성된다.

정책분석은 먼저 정책의 존재론적 당위성성찰성을 분석하고, 실현가능성을 고려하여 절차적 민주성을 분석한 후 최종적으로 이를 통과한 대안들 중에 가장 최적의 효율적 대안을 선택하는 과정을 거치게 된다.

존재론적 당위성성찰성을 조금 더 설명하자면, 이것은 1) 주민들의 니즈를 먼저 수요자 관점에서 깊이 있게 분석하고, 2) 정부의 정책역량을 공급자의 관점에서 분석하며, 3) 주민과 정부의 상호작용 역시 기민성속도과 충분성빈도 관점에서 분석하는 것이다. 이에 대해서는 다음 절에서 보다 자세히 다루도록 한다.

그림 4-6 정책분석 기준의 완성

<table>
<tr><th colspan="9">정책분석 기준의 완성</th></tr>
<tr><th colspan="4">분석 내용</th><th rowspan="2">대안선택</th><th rowspan="2">대안
1</th><th rowspan="2">대안
2</th><th rowspan="2">대안
3</th><th rowspan="2">…</th></tr>
<tr><th>분석 차원</th><th colspan="3">분석 기준</th></tr>
<tr><td rowspan="8">소망성
Desirability</td><td colspan="2" rowspan="3">성찰성
Reflexivity</td><td>1. 수요적 관점(Needs)</td><td></td><td></td><td></td><td></td><td></td></tr>
<tr><td>2. 공급적 관점(Capacity)</td><td></td><td></td><td></td><td></td><td></td></tr>
<tr><td>3. 상호작용(Interaction)</td><td></td><td></td><td></td><td></td><td></td></tr>
<tr><td rowspan="5">민주성
Democracy</td><td rowspan="2">절차적 민주성
Procedure
Democracy</td><td>1. 절차적 합법성</td><td></td><td></td><td></td><td></td><td></td></tr>
<tr><td>2. 절차적 타당성</td><td></td><td></td><td></td><td></td><td></td></tr>
<tr><td rowspan="3">실체적 민주성
Substantive
Democracy</td><td>1. 참여의 정도</td><td></td><td></td><td></td><td></td><td></td></tr>
<tr><td>2. 숙의의 정도</td><td></td><td></td><td></td><td></td><td></td></tr>
<tr><td>3. 합의의 정도</td><td></td><td></td><td></td><td></td><td></td></tr>
<tr><td rowspan="6">실현성
Feasibility</td><td colspan="2" rowspan="6"></td><td>1. 정치적 실현성</td><td></td><td></td><td></td><td></td><td></td></tr>
<tr><td>2. 경제적 실현성</td><td></td><td></td><td></td><td></td><td></td></tr>
<tr><td>3. 사회적 실현성</td><td></td><td></td><td></td><td></td><td></td></tr>
<tr><td>4. 행정적 실현성</td><td></td><td></td><td></td><td></td><td></td></tr>
<tr><td>5. 법적 실현성</td><td></td><td></td><td></td><td></td><td></td></tr>
<tr><td>6. 기술적 실현성</td><td></td><td></td><td></td><td></td><td></td></tr>
<tr><td rowspan="2">효율성
Productivity</td><td colspan="2" rowspan="2"></td><td>1. 효과성</td><td></td><td></td><td></td><td></td><td></td></tr>
<tr><td>2. 능률성</td><td></td><td></td><td></td><td></td><td></td></tr>
<tr><td colspan="4">종합분석평가표</td><td></td><td></td><td></td><td></td><td></td></tr>
</table>

지적 탐구(8)
성찰성, 이념으로서의 분석

행정을 주도하는 보다 상위 차원의 방향성을 이념이라고 하는데, 전통적으로 강조되어 온 효율성이나 민주성 못지않게 행정 환경이 질적으로 심화되면서 그곳에 참여하는 정책 내부와 외부 이해 관계자도 다양해지고, 또한 문제해결에 있어 개인, 공동체, 혹은 그 상호작용에 대한 심층 분석과 성찰 역량을 요구하는 일이 빈번해지고 있어 행정이념으로서의 '성찰성'의 중요성이 부각되고 있다.

하지만 그동안 행정학에 있어서 '성찰성'이라는 개념은 놀랍게도 간과되어 왔다. 하지만 이제 효율성, 민주성이라는 전통적 행정이념을 보다 높은 차원에서 보완하는 관점에서의 철학적 논의와 함께, 자유민주성, 공리효율성라는 전통적 정책이념을 보다 높은 차원에서 보완하는 제3의 정책이념으로서의 중요성이 부각되어야 한다.[25]

본서에서 나는 '제도론적 정책학'institutional policy studies을 넘어 보다 본질적인 '존재론적 당위성'ontology 차원을 고려할 필요가 있다는 점을 강조하였다. 특히 정책과정에서의 참여자가 다양하고 복잡성을 띠면서, 개인, 정부, 그리고 그들 간 상호작용적 성찰이 매우 중요해지고 있기에, 그리고 기후변화가 심화되고 대형재난이 빈번해지고 있어서, 국가적으로 그리고 지역적 재난관리에 있어서 '성찰성' 개념은 전례 없이 중요해지고 있는 것이다.

가령, 왜 어떤 지자체는 재난복구가 빠르고 피해가 적은 반면 어떤 지자체는 느리고 피해가 크게 나타나는지를 분석해 본다면, '성찰성reflexivity'이라는 변수가 얼마나 중요하게 작용하는지를 깨달을 수 있을 것이다. 그리고 분석 과정에서 이 개념이 단순한 회복 탄력성resilience이나 기민성agility과 같은 단일 차원의 개념과는 구별된다는 것을 알게 되면서 그 종합적 중요성은 다시금 부각될 것이다.

세상은 점점 더 소용돌이치면서 '격변의 시대'로 들어서고 있다. 'VUCA', 즉 변동성, 불확실성, 복잡성, 모호성은 증대되고, 미-중간 세계 패권 전쟁 등으로 자국만의 이익을 추구하는 경향은 점점 더 노골화되는 한편, 기후변화, 대형재난이 점점 더 심각해지면서 사람들의 불안감은 날로 더 커질 것이다.

정책에도 낮은 차원의 이념과 높은 차원의 이념이 있다. 점점 더 심각해지는 지구적 규모의 위기를 맞아 정책학 역시 기존의 물질적 효율성, 절차적 민주성만으로는 대응하기 어렵다. 개인과 정부, 상호작용에 대해 깨어 있어야 하고, 정부는 개인의 수요, 정부의 공급 역량, 상호작용적 관점에서 기민하게 성찰하고 대응해야 한다.

지적 탐구(9)
성찰성, 지표로서의 분석

성찰성을 한마디로 정의하면, '주변의 환경을 관찰하여 미리 살피고 끝까지 깨어 있는 힘'이라고 할 수 있다. 주민, 정부, 상호작용을 관찰하여 환경을 미리 살피고 주민의 수요에 기민하게 반응하여 필요한 조치를 미리 준비하는 능력을 말한다. 이를 분해하면, 1) 주민의 수요에 대한 우선순위 파악, 2) 정부의 사전 준비 및 대응 능력, 3) 주민과 정부의 상호 작용적 민감성이 된다. 구체적 지수 계산 방식은 다음과 같다.

성찰성 총지수＝수요지수＋공급지수＋상호작용지수

① 수요지수＝행정수요의 시급성(urgency)＋중대성(magnitude)

② 공급지수＝행정공급의 역량(capacity)＋태도(attitude)

(a) 역량(capacity)＝분석역량(analysis)＋기민역량(agility)＋회복역량(resilience)

(b) 태도(attitude)＝책임(accountability)＋헌신(dedication)＋투명(transparency)

③ 상호작용지수=개인과 공동체의 상호작용=횟수(빈도, frequency) +속도(대응, responding time)

데이터 수집 가능성을 재난분야과 관련하여 예시한다면 다음과 같다.

국내 활용가능데이터: 재난피해회복수준 실태조사, 재난피해자 패널조사, 재난관리실태 공시

① 수요지수: 국민신문고, 지자체 내 자체 홈페이지 내 의견게시, 신문기사, SNS 온라인 댓글 빅데이터 분석, 지자체 신뢰도
② 공급지수: 재난관리실태조사 공시 보고서 활용, 조례 개정 빈도, 행안부(정부혁신평가), 예산편성
③ 상호작용지수: 빅카인즈 분석, 국민신문고 처리율, 지자체 내 자체 홈페이지 의견 처리율, 지자체와 시민 간 공청회 횟수(면담 등 포함), 관련 교육 등 횟수

이러한 연구의 중요성은 기후변화와 자연재난이 점점 더 심각해지는 현재의 상황을 고려하면 더욱 두드러질 것이다.

개도국이든 선진국이든 행정을 통해 정부 경쟁력을 갖출 때 문제해결 능력은 확장된다. 자연재난이라든지 코로나 팬데믹과 같은 외부적 위기에 대응해서 중앙이나 지방 정부는 개인과 사회 공동체의 상황을 기민하게 파악하고 성찰하여 환경에 맞는 유연한 문제해결 능력을 키워나가는 것이 중요하다.

지적 탐구(10)

성찰성, 철학으로서의 분석

본서는 존재의 근원을 반영하는 정책학 이론, 이름하여 '존재론적 정책학'Ontological Policy Science을 탐구하고 있다.

존재의 근원에서 나오는 높은 차원의 가치를 모두 정책이론에 담기는 어렵다. 높은 차원에 존재하는 형이상학적 가치를 모두 현실세계에 반영하기는 어렵기 때문이다. 다만 핵심적 가치는 나, 너, 상호작용 속에 모두 포함된다. 나는 중앙 혹은 지방 정부와 같은 정책 공급자이고, 너는 시민 혹은 주민과 같은 정책 수요자이며, 상호작용은 시민과 정부의 긴밀한 소통과 상호작용적 교류이다.

존재론적 정책학의 핵심에 위치하는 성찰성은 수요, 공급, 상호작용의 세 가지 측면에서 완성된다. 수요자가 깨어 있고 공급자가 깨어 있고 그 둘 간의 상호작용 역시 깨어 있어야 한다. 주민들의 요구를 분명하게 파악한 뒤 정부의 공급 능력을 갖추어야 하며, 그 둘 간의 상호작용 역시 원활해야 한다.

정부의 입장에서는 이렇게 해야 한다.

① 주민들의 요구를 분명하게 파악하는 한편 그 우선순위를 매긴다.
② 정부의 행정 서비스 제공의 공급 역량을 강화한다.
③ 주민들과의 의사소통을 통해 중간 점검과 함께 그 점검 결과를 행정에 반영해야 한다.

예를 한번 들어 보자. 대홍수와 같은 재난에 앞서 지방정부는 다음과 같이 하는 것이다.

① 주민의 요구 사항을 파악하는 한편 홍수 취약지구를 긴급하게 파악한다.
② 지방정부가 취해야 할 사전 조치와 실제 홍수 발생 시 취할 수 있는 조치 사항을 점검한다.
③ 주민들과의 의사소통을 통해 면밀하게 예비 조치를 파악하는 한편 그것을 행정에 즉각 반영해야 한다.

원래 세상은 이렇게 이루어져 있다. 나, 너 그리고 관계성이다. 동양철학에서도 음陰, -과 양陽, +은 홀로 존재할 수 없다고 본다. 그건 과학도 마찬가지인데, 음과 양은 양자 얽힘을 통해 서로 분리할 수 없다. 만물은 음과 양으로 존재하고, 그 둘은 '근원'에 존재하는 본원적 생명력과 끊임없이 상호작용한다. '나'라는 존재에 대한 고요한 텅 빔을 자각하고, '나와 너,' 그리고 '근원'과의 본질적 그리움을 인식하면서, 사랑과 자비를 통해 그 관계성을 완성하라는 것이 하늘의 소명召命이다.

이것은 또한 창조의 완성이며, 존재의 근원이 우리에게 주는 철학적 메시지다.

지적 탐구(11)

존재론적 정책학과의 연결: 제도주의를 넘어서

그런데 여기서 한발 더 나아가 보자. 존재론적 정책학이다. 존재론적 정책학은 전통적 정책학의 기술주의-도구주의를 넘어서 인간의 '근원,' '존재' 자체를 중시하는 새로운 정책학 패러다임이다.

정책을 단지 행위action나 제도institution의 문제로 보지 않고, 존재being의 방식, 근원의 심층의식, 성찰성의 질적 흐름으로 이해한다. '정책은 과연 누구를 위한 것인가?'라는 근원적 성찰을 토대로 단순한 분석을 넘어 인간 내면의 깊은 층위에 대해 고찰하고, 이러한 심층의식에 기반 한 수요-공급-상호작용의 측면에 대해 분석한다.

심층의식Deep Consciousness, 성찰성Reflexivity, 그리고 존재론적 정책학Ontological Policy Science의 연결은, 각각 개별적으로도 깊은 개념이지만, 서로 연결될 때 정책 주체와 정책 시스템을 근본적으로 이해하는 패러다임 전환을 이끌 수 있다. 이는 매우 철학적이면서도 정책 설계에 있어 실천적 함의를 가질 수 있다.

정책은 살아 있어야 한다. 살아 있으려면 존재의 숨결이 그 안에 불어넣어져야 한다. 정책은 단순한 절차나 기술이 아니라, 인간-공동체-우주의 존재 기반 위에 작동하는 생명적 흐름이다. 이 흐름에 정신적 에너지와 의미 체계가 불어넣어질 때 진정한 회복과 창발이 일어난다. 이처럼 진정한 정책 리더십은 우리 사회를 분열시키는 이념, 계층, 지역, 이해관계의 갈등을 넘어서 생명의 숨결을 불어넣는 것이며, 이를 통해 통합적 정체성과 방향성을 제공하는 것이다.

'정책은 누구를 위해 존재하는가?'

'죽은 제도와 살아있는 공동체 사이의 긴장은 어떻게 풀어나갈 것인가?'

'정책은 어떤 '생명적 에너지'를 통해 갈등을 극복하고 사람들을 살릴 것인가?'

다음 장에서는 이 주제를 한번 깊이 있게 고찰해 보자.

제5장

정책학의 새로운 지평

Deep Theory

Deep Theory

존재론적 정책학의 탐색

존재론적 정책학은 역사적 전환기에 존재론적 통찰과 정신적 정책 패러다임을 제공한다. 이는 1) 정의와 공감의 정책을 추구하며 국민의 고통을 짊어지는 주체적 존재, 2) 윤리와 책임을 스스로 지는 의식적 존재, 3) 미래 창조적 정책을 펼치는 창의적 존재를 의미하는 것이다.

정책학은 기술주의·도구주의를 넘어서 존재를 다루는 학문으로 확장되어야 한다. 즉, 정책을 단지 행위action나 제도institution의 문제로 보지 않고, 존재being의 방식, 삶의 구조, 실존의 질적 흐름으로 이해해야 한다. 따라서 존재론적 정책학Ontological Policy Science은 다음을 묻는다.

① 정책은 누구의 존재를 지지하는가?
② 정책은 어떤 삶의 형식을 가능하게 하는가?
③ 정책결정자는 어떤 존재가 되어야 하는가?

1. 문제의식: 존재를 다루는 정책학의 긴급성

현대 정책학은 점차 기술주의·도구주의를 넘어서 존재를 다루는 학문으로 확장되어야 한다. 복잡하고 위기적인 사회에서는 '무엇을 잘 할 것인가'보다 '어떻게 존재할 것인가'가 더 근본적인 정책 질문이 되는 것이다.

따라서 정책학은 단지 실용적 처방이나 관리가 아니라, '존재의 방식'을 묻고 설계하는 메타실천이 되어야 한다. 이러한 통찰은 정책학이 인간과 공동체, 생명과 윤리에 대한 정신적·존재론적 정책학으로 확장될 수 있음을 의미한다.

2. 정책학의 본질: 공공선을 위한 실천학

정책학은 '공공의 문제public problems에 대한 합리적 개입과 해결'을 다루지만, 이 '공공성'이란 결국 무엇이 선한가, 정의로운가, 인간적 삶이란 무엇인가에 대한 가치 판단을 전제로 한다. 이에 존재론적 정책학은 이러한 가치 판단의 근본적 기준을 제공한다.

3. 인간관: 인간은 '불완전하지만 주체성-창의성-의식성을 가진 존엄한 존재'

정책학은 인간을 단순한 행위자agent 또는 이해관계자stakeholder로 다루지만, 존재론적 정책학은 인간에 대한 관점을 근본적으로 바꾼다. 인간은 단순한 합리적 행위자Rational Actor가 아니라, 실존적으로 고통받고, 방황하며, 언제나 근원에 대한 그리움에 사무친 존재이다. 이는 정책의 대상인 시민을 심층적 존재로 인식하고, 그 존엄을 전제로 정책을 설계해야 함을 의미한다.

4. 심층의식과 정책설계

정책학은 보통 제도적 대응을 우선하지만, 존재론적 정책학의 관점에서는 의식적·내면적 반응 구조를 먼저 분석한다. 이것이 존재론적 정책학ontological policy 모형이다. 정책은 단지 '이 문제를 해결하라'는 기계적 명령이 아니라, 행위자의 존재 조건과 판단의 윤리성을 끊임없이 성찰reflection하고 그로부터 도출되는 가치 판단을 정책 설계의 핵심 요소로 삼아야 한다. 따라서 존재론적 정책학은 정책학의 규범적 전통H. Lasswell, W. Dunn, P. Sabatier 등을 존재론적 차원으로 확장시키는 거울이 된다.

정책 설계자는 단순한 분석을 넘어 내면적 직관을 발휘해야 한다. 이는 그들의 사고방식이 단지 문제해결이나 행정절차가 아니라, '존재의 방향 설정'이라는 깊은 층위를 고민해야 함을 의미한다. 특히 앞으로 기후변화나 대형재난이 점점 더 심각해지는 상황에서 죽음, 변화, 혼돈 등 실존적 위기에 대해서도 깊이 숙고하고 반응할 수 있는 정부가 필요하다.

이것은 칸트의 실천 이성, 퇴계의 공직자의 자세와도 상통하며, 이렇게 될 때 정책학은 철학과 영성, 이성과 직관, 심층과 현실의 결합체로 다시 자리매김할 수 있다.

5. 성찰성과 초월적 존재의 필요성: 인간의 이성 너머의 진리를 지향

오늘날 정책학은 점점 더 복잡한 문제를 다루면서, 단순한 합리적 계산이나 이해당사자의 조율을 넘어서 '내면적 각성', 즉 정책결정자의 성찰성과 존재의식을 요구한다. 이처럼 정책학은 제도나 담론을 비판하는 수준을 넘어서, 궁극적으로는 존재의 근원에 대한 성찰로 나아갈 수 있어야 한다.

우리는 모두 논리나 눈에 보이는 것, 측정할 수 있는 것만 믿는 세상에 살지만, 존재론적 관점에서 보면 정책학은 보다 더 근원적인 가치에 눈을 돌린다. 보이지 않는 영역과 진리 앞에 겸허한 자세로 1) 시민의 고통과 호소에 귀 기울이며, 2) 존재의 목소리를 정책의 언어로 전환하며, 3) 정책 결정 이전에 존재론적 성찰을 수반해야 한다.

이를 위해 정책학은 다음을 해야 한다.

① 시민들의 갈급한 욕구를 먼저 분석한다(수요).
② 정부는 정책역량을 갖춘다(공급).
③ 서로 간에는 진실성과 진성한 자세로 대화하고 상호작용하며 부족한 부분을 고쳐나간다(상호작용).

정책학은 이렇게 할 때 단지 문제해결 도구가 아니라, 존재론적 치유와 회복을 위한 정치 행위가 된다. 정책설계자는 존재의 깊은 구조와 사회 무의식에 대한 성찰자가 된다.

이것은 정책학의 형이상학적 차원으로서 퇴계의 경敬 개념, 칸트의 도덕윤리와 연결되며, '자기를 비움으로써 전체를 일으키는 존재의 정치'라는 철학적 메시지를 담고 있다.

6. 정책의 메타 윤리적 기반

존재론적 관점에서 보면, 인간의 죄와 고통, 그리고 근원에 대한 회복이라는 주제가 중요하게 다가온다. 이런 배경에서 정책학은 사회의 상처, 역사적 불의, 시스템 실패에 대한 회복과 복원이 중요한 것이다. 또한 정책적 리더에게는 능력보다 진리 앞에서의 겸손과 성찰이 무엇보다도 중요하며, 정책학은 이를 통해 카리스마적 리더십이나 기술적 합리성 중심의 리더십을 넘어서, 책임지는 윤리적 리더십이 더욱 중요하게 다가온다.

조선의 실학자 정약용은 다음과 같이 말했다. "진리는 혼자 오지 않는다. 진리를 감당할 준비가 되어 있는 자에게만 온다. 정책행위자는 법과 제도를 넘어 백성의 마음을 알아야 한다. 그들의 삶을 읽고 고통을 성찰해야 한다. 분노, 절망, 소외, 그 모든 것 위에 놓인 피와 땀을 헤아릴 수 있어야 한다. 이성보다 더 깊은 곳, 지식보다 더 따뜻한 곳에서 백성을 바라보아야 한다."[26]

7. 시간성과 비전: 정책은 현재와 미래를 잇는 영적 행위

존재론적 관점은 역사를 단절된 사건이 아니라 정의를 회복하는 영원성 속에서 해석한다. 이는 정책학이 단기성과 계량성에 갇히는 것을 경계하고, 미래 세대, 보이지 않는 자들을 위한 책임 윤리를 부여해야 함을 뜻한다.

우리가 사는 물질 세상이 전부가 아니고, 이를 넘어서는 혹은 그 이면에 보다 높은 차원의 형이상학적 질서가 근원적으로 존재한다.[27] 우리는 눈에 보이는 세상이 전부인 줄 착각하기 쉽지만, 더 근원으로 들어가면 빛과 양자로 파동하는 차원이 있다. 이러한 더 깊은 존재론적 차원과 연결하면, 정책학은 단순한 제도 설계나 계량 기법을 넘어서 인간 존재, 공동체 윤리, 역사적 책임에 대한 깊은 성찰을 담는 학문으로 거듭날 수 있다.

8. 존재론적 정책학: 원리 및 패러다임

인간은 필멸의 먼지와 불멸의 불꽃을 동시에 지니고 있다. 필멸은 살다가 스러질 흙으로 빚어졌지만 그 안에는 불멸의 빛을 담고 있다. 필멸과 불멸, 먼지와 불꽃, 흙과 빛, 어느 곳에 중심을 두겠는가? 일시적으로 불타오를 물질에 머물 것인가, 아니면 영원으로 승화되는 빛을 따를 것인가?

인간의 모습을 반영하는 정책학도 이와 같다. 물질과 제도 중심의 정책학에 머물 것인가, 존재와 근원을 담은 정책학을 펼칠 것인가?

전통적 정책학은 다음과 같은 원리로 진행되었다.

① 인간 이해: 합리적 선택자
② 인식 방법: 외부 관찰과 분석
③ 정책 실행: 외부 대상 변화
④ 윤리 기초: 효율성, 민주성공공성
⑤ 의식 구조: 선형적 인식

하지만 존재론적 정책학은 다음과 같은 패러다임으로 새롭게 재정립한다.

① 인간 이해: 주체－창의－의식을 갖춘 성찰적 존재
② 인식 방법: 내면 성찰과 세계 공명
③ 정책 실행: 주체－세계 상호 변형
④ 윤리 기초: 성찰성존재의 책임, 존재의 연결성
⑤ 의식 구조: 다층적 심층의식

9. 결론: '존재론적 정책학'은 정책학의 존재론적 · 윤리적 · 영성적 기초이다

제도와 절차가 민주성을 상징한다면, 기술과 기능이 효율성을 상징한다면, 보다 근원의 이념은 성찰성을 의미한다. 이때 성찰성이란 '정책행위자의 자기 인식과 자기 행위의 메타 윤리적 점검'을 의미한다. 전통적 정책학은 제도적 대응이나 기계적 달성에 치중했다면, 존재론적 정책학은 보다 근원의 '존재', '근원', '인간' 중심의 가치에 중심을 둔다.

결론적으로, 존재론적 정책학은 '형이상학적 질서'와 인간관을 기초로 '인간의 존엄성'을 보다 명확히 구현할 수 있게 해준다. 향후 이를 더욱 완성시켜 나가려면 다음과 같은 존재론적 윤리적 영성적 가치관을 보다 깊게 연구해야 한다.

- '형이상학적 진리'에 입각한 인간, 정책 대상자의 존엄성
- 가난한 자와 사회문제에 대한 책임 있는 개입
- 정의 평화 공공성의 구현
- 겸손과 섬김, 정책 리더십의 윤리성과 자기 성찰
- 영원성에 대한 회복 및 비전, 미래세대에 대한 책임윤리
- 진리 추구, 정책의 성찰성과 존재론적 통찰

의식장이론과 정책학의 연결

뇌가 심층의식으로 들어가는 가장 중요한 매개체 혹은 안테나 역할을 하는 건 맞지만 그렇다고 해서 뇌에서 의식이 만들어지는 건 아니다. 뇌는 단지 매개할 뿐 의식은 이미 우주 만물의 근원에 존재하고 있다.

의식consciousness을 뇌에 국한된 산물이 아니라 하나의 보편적인 장場 혹은 에너지 필드로 설명하려는 시도는 철학, 심리학, 물리학 등 다양한 분야에서 존재해 왔다.

이처럼 의식장意識場 이론은 '의식이 뇌의 부산물이 아니라, 장場처럼 존재하는 실체 또는 기반'이라는 관점에서 출발한다.

1. 의식장의 개념

의식장意識場은 개별 뇌나 신경계를 넘어, 존재 전반에 퍼져 있는 비국소적이며 정보적 성격을 지닌 에너지장場이다. 이는 다음과 같은 원리에 기반한다.

① 의식은 뇌의 산물이 아니라, 장場에 참여하는 주체이다.
② 의식의 장은 개인의 내면, 감정, 사고, 무의식뿐 아니라, 사회적·정책적 상호작용을 포함하는 필드field이다.
③ 정보는 파동처럼 확산되며, 동조, 공명, 직관적 인식 등을 통해 통합된 의식적 반응을 이끈다.

2. 물리학 기반의 이론

1) 데이비드 봄David Bohm의 '보이지 않는 질서'와 '전체성Wholeness'

우주 전체는 하나의 전체적 파동을 구성하는 장filed이다. 우리의 의식은 '보이지 않는 질서implicate order'라는 비가시적 장과 연결돼 있다. 우리의 뇌는 '보이는 질서explicate order'를 인식하는 인터페이스 역할을 할 뿐이다.

2) 로저 펜로즈Roger Penrose & 스튜어트 해머로프Stuart Hammerrof의 조화객관환원ORCH-OR 이론

뇌세포 내의 미세소관에서 의식은 양자 정보로 활동하며 우주와 끊임없는 상호 작용한다. 개체 의식과 우주 정보는 양자 얽힘의 형태로 존재한다. 그리고 이 양자 상태는 비국소적non-local 장場 특성을 지닌다.

3. 철학과 심리학 기반 이론

1) 범심론Panpsychism과 양자정보이론의 결합

우주의 모든 물질은 일정 수준의 의식을 내포한다는 철학적 관점이다. 최근 토노니Giulio Tononi의 통합정보이론IIT: Integrated Information

Theory이나 양자정보범심론도 여기에 가깝다고 할 수 있다.

2) 칼 융C. Jung의 집단무의식과 '의식의 장'

칼 융은 프로이트의 심리학 이론을 넘어 집단무의식이라는 개념을 제시했다. 즉, 개인의 무의식은 집단무의식이라는 더 큰 '의식의 장consciousness field'과 연결되어 있다고 본 것이다.

4. 정책학과의 연결

1) 정책결정 주체의 내면:

정책은 단순히 논리적 결정이 아니라 의식의 장 내에서의 공진과 집단적 무의식의 작용일 수 있다. 가령, 의식장이란, 정책결정자와 시민 간의 심층적 공명 상태에서 형성되는 보이지 않는 협력장協力場이다. 이는 제도적 분석만으로는 포착할 수 없는 정책 현실의 비가시적 기반이다.

전통적 정책학은 합리성, 효율성, 제도성을 중심으로 구조화되어 왔다. 그러나 이러한 분석은 정책결정의 심층 동인, 즉 주체의 존재 상태, 심층의식, 초월적 감수성을 포착하지 못한다. 이에 존재론적 정책학은 다음과 같은 확장을 시도 한다.

① 정책결정 주체의 내면 상태beingness가 정책 현실을 구성한다.

② 정책은 의식적 에너지의 발산이자 장 안에서의 공명resonance 작용이다.

③ 사회적 현실은 물질적 현상 이전에 의식적 패턴의 장field of intention으로 먼저 형성된다.

5. 결론: 정책학의 미래

정책학은 이제 제도 분석을 넘어 의식의 상태 변화, 장의 형성, 공명의 질質을 다루는 존재론적 탐색으로 확장되어야 한다. 이는 곧 '정책이란, 존재의 장 안에서 의식이 정보를 실현해가는 과정이다.' 라는 새로운 정의를 요구한다.

정책은 물리적 구조물이 아니라 에너지적, 정보적 구조를 바꾸는 의도된 행위이며, 이는 사회 전체의 '감정 기류', '집단무의식'을 장場처럼 해석해 하나의 중요한 예측 모델로 사용해야 한다.

이에 중요한 핵심 개념을 제시하면 다음과 같다.

① 정책장Policy Field: 정책이 발생하는 무형의 정보·의식 에너지 구조. 이는 상호작용적, 다차원적이다.

② 공명Resonance: 주체 간 의식 파동의 조화적 진동을 의미한다. 이는 정책 수용성과 연결된다.

③ 심층의식Deep Consciousness: 정책결정의 표층을 넘는 내면적 통찰, 영감, 직관의 원천이 된다.

④ 집단장의 흐름Field Dynamics: 대중의 심리적 상태, 사회적 무의식이 장場 속에서 표현된다.

⑤ 의도적 간섭Intentional Intervention: 정책은 장場의 파동 구조에 '의도'를 담아 파동을 변화시키는 행위가 되어야 한다.

심층의식과 정책학의 연결

심층의식Deep Consciousness, 성찰성Reflexivity, 그리고 정책학의 연결은 매우 철학적이면서도 정책 설계에 있어 실천적 함의를 가질 수 있는 흥미로운 주제이다. 이 세 요소는 각각 개별적으로도 깊이 있는 개념이지만, 서로 연결될 때 정책 주체와 정책 시스템을 근본적으로 이해하는 패러다임 전환을 이끌 수 있다.

1. 심층의식과 정책학: 정책행위자의 존재론적 기반

심층의식Deep Consciousness은 인간의 표면적인 이성과 감정 뒤에 자리한 무의식, 존재적 감각, 초개인적 기억, 혹은 의식의 근원적 층위를 뜻한다. 이는 프로이트의 무의식이나 칼 융의 집단무의식보다 더 근원적이며 영적인 층위까지 포함되는 개념이다.

전통적 정책학은 주로 합리성, 이해관계, 제도적 제약을 중심으로 인간을 설명한다. 하지만 정책은 그 사람의 세계관, 정체성, 존재방식에 영향을 미치고, 또 그로부터 영향을 받는다. 따라서 심층의식은 정책학의 근본적 명제를 재고할 것을 요청한다. 예컨대, 빈곤 정책은 단순한 물질적 보상이 아니라, 존재의 수치심, 무력감, 사회적 소외감에 대한 치유적 접근을 포함해야 하는 것이다.

2. 성찰성과 심층의식의 연결: 의식의 구조를 성찰하는 능력

성찰성Reflexivity은 단순히 '되돌아봄'을 넘어서, 자신의 인식과 존재의 구조 자체를 통찰하고 재구성하는 능력을 의미한다. 이러한 성찰성은 정책학에 있어서 깊은 인간 이해의 핵심이 되는 개념이다. 즉, 심층의식에 접속하거나, 그것을 인식하는 능력이 바로 고차원적 성찰성인 것이다. 이런 관점에서 성찰성은 단순한 사고의 되먹임feedback이 아니라, 존재의 구조를 감지하고 전환하는 깊은 사유의 행위인 것이다.

따라서 정책행위자는 데이터를 넘어, 자신이 처한 조건과 내면 구조를 통합적으로 파악할 수 있어야 한다. 이는 기술적 정책 설계가 아닌 심층적 훈련과 철학적 자각을 포함한 새로운 리더십 이론이 필요함을 시사한다.

3. 정책학의 재구성: 존재 기반 정책학

전통적 정책학은 정책문제를 '기술적-기능적' 해결 대상으로 취급하고, 인간을 단순한 정책행위자로 치부하는 경향이 있었다. 하지만 새로운 정책학은 인간을 심층의식과 성찰 능력을 지닌 정책 행위자로 재정의하고, 정책을 단순한 '선택'이나 '배분'의 기술이 아닌, 인간 개인의 발전과 공동체적 의식의 변화를 도모하는 기제機制로 인식해야 한다.

이를 실천적으로 적용하는 방안을 살펴보면 다음과 같다.

① 심층의식 기반 정책 리더십 훈련: 명상, 존재 인식, 정체성 성찰 프로그램
② 정책 설계 시 내러티브와 의미 구조 분석 도입: '이 정책이 사람의 정체성과 존재감각에 어떤 영향을 주는가?'
③ 공공담론의 심층화: 감정적 반응이나 임기응변식 처방이 아닌, 문명의 방향과 인간 존재 의미에 대한 사회적 대화 촉진

더 나아가 이러한 논의는 심층의식과 성찰성을 정책학과 연결시켜주는 고리가 된다. 그 연결성은 다음을 상기시킨다.

① 심층의식의 관점에서 인간 내면의 깊은 층위에 접근하기 위해 정책 대상자 및 행위자의 내면을 고려한 설계가 필요하다.
② 성찰성의 관점에서 존재와 인식 구조에 대한 통찰 능력을 제고하기 위해 정책 설계자 및 시민의 성찰적 역량 강화가 필요하다.
③ 정책학의 관점에서 인간의 깊은 의미와 내면의 발전적 변화를 유도하기 위해 '심층의식에 기반한 정책학'이 필요하다.

높은 차원과 낮은 차원

'As above, so below.위의 것은 아래와 같다' — 고대 헤르메스Hermeticism 철학의 이 구절은 단순한 신비주의를 넘어, 정책학 특히 존재론적 정책학, 심층의식 기반 정책이론, 그리고 성찰성reflexivity 개념과 깊이 연결된다.

1. '위Above'와 '아래Below'의 정책학적 해석

'위Above'는 구조, 제도, 법, 정책, 사회적 장場이며, '아래Below'는 개인, 의식, 심층 감정, 집단 무의식이다. 즉, 정부의 제도나 정책은 시민의 내면의식구조, 욕망, 감정의 반영이며, 개인의 심층구조는 다시 제도에 의해 재구성되고 영향을 받는다.

2. 정책은 '무의식적 존재구조'의 표상이다.

정책은 단지 합리적 산출물이 아니라, 사회 구성원 집단의 심층의식, 존재론적 감각, 생존에 대한 감정적 반응 등이 제도화된 것이다. 가령, 복지정책은 경제논리 이전에 공동체, 돌봄, 상호연결성에 대한 무의식적 믿음의 제도적 표현이며, 국가안보정책은 단순한 위협 대응이 아니라 존재의 불안정성에 대한 집단 심층구조의 반응인 것이다. 이러한 분석은 정책결정 과정에서 드러나지 않는 '존재의 밑바닥'the ontological depth을 들여다보려는 시도이다.

3. '성찰성'과의 연결

'성찰성'이란 단지 개인의 인지적 능력이 아니라, 위제도와 아래개인의 상호반사 구조가 자각된 상태이다. 정책 설계자와 시민 모두가 이 상호의존성을 인식하고, 자신의 '존재 방식'이 구조에 영향을 미친다는 존재론적 책임감을 갖게 될 때 진정한 의미의 정책 성찰이 일어날 수 있다.

4. 적용 예시: 한국 사회의 정책사례

한국 출산 정책의 경우, 위정부 정책는 '경제적 인센티브'를 제공하지만, 아래개인의 존재 불안, 공동체 해체감는 전혀 해결되지 않았기에 위와 아래가 맞지 않아 실패한다. 또한, 기후정책 역시 위탄소배출권는 규제 중심이지만, 아래에서는 자연에 대한 감정적 관계 회복공생의식이 결여되었기에 실효성 없는 것이다. 이처럼 정책은 존재론적 감수성을 내포하지 않으면, 지속성과 공감력을 가지기 어렵다.

5. 결론

결론적으로, 'As above, so below'는 정책의 높은 차원과 낮은 차원을 의미하며, 정책을 인간 존재의 반영으로 보고자 하는 시도이다. '정책과 존재'의 연결의 창窓으로서, 정책학에서 심층 구조와 제도적 표현의 동시성을 인식하게 하는 렌즈가 될 수 있다.

존재론과 인식론

존재론은 철학에서 가장 중요한 주제이다. '만물은 왜 존재하는가, 그리고 그 근원은 무엇인가? 그 근원을 이루는 제1의 근본 동인은 무엇인가?'와 같은 가장 근본적인 주제를 다룬다.

이에 비해 인식론은 그 뒤에 파생된 주제이다. '무엇이 있어 나는 이들을 인식하는가? 존재가 인식을 통해 재구성되기도 하는 상황에서 나의 인식 체계는 과연 어떻게 구성되어 있는가?' 등이 관심 사항이다.

정책학의 관점에서 존재론은 매우 중요하다. 다음과 같은 근본적인 질문을 던진다. '정책은 왜 존재하는가? 누구를 위해 존재하는가? 정작 중요한 것은 무엇인가? 그것은 외적 현실인가, 내면의 변화인가? 외적 제도인가, 내면의 자각인가?'

1. 정책학에서의 존재론: 존재에 대한 학문

존재론 기반의 정책학은 정책을 단순한 도구적 분석이 아니라 인간의 삶과 세계의 존재 방식 전체를 이해하고 개입하는 지적 실천으로 본다. 여기서 존재론은 다음과 같이 작동한다.

1) 존재론적 핵심

정책현상은 객관적 실체이기보다는 인간과 사회의 '의식된 관계망' 속에서 구성된다. 정책이란 '존재being'에 대한 특정한 가치 판단과 세계관을 전제로 형성된다. 예컨대, '기후위기'는 단순히 온도 상승이라는 과학적 사실이 아니라, 우리가 그것을 어떻게 '위기'로 인식하고 응답할지를 결정짓는 존재론적 구성물인 것이다.

2. 정책학에서의 인식론: 성찰성

'성찰성reflexivity' 개념은 인식론적 전환을 가능케 한다. 즉, 정책행위자정치인, 공무원, 연구자 등는 단순히 데이터를 수집·분석하는 자가 아니라, 자신이 속한 맥락과 신념, 무의식적 전제를 성찰하는 존재인 것이다.

1) 인식론적 핵심

지식은 절대적 진리가 아니라 관계적이고 맥락적인 것이다. 따라서 정책행위자는 자신의 인식 구조, 가치, 감정, 역사적 조건 등을 끊임없이 성찰해야 한다. 예컨대, 청년정책을 만들 때, 데이터 분석만으로 충분하지 않다. 정책담당자는 청년의 정체성, 상처, 욕망에 대해 존재론적 감수성을 가지고 '성찰적' 접근을 해야 하는 것이다.

3. 정책학에서의 형이상학적 기반: 심층의식

정책학의 형이상학적 전환은 '정책은 단지 세상을 바꾸는 도구가 아니라, 존재 자체와 삶의 의미에 개입하는 실천'임을 전제로 한다.

1) 적용 가능 개념

① 존재론+영성: 인간 존재의 깊이(예: 심층의식, 무의식, 영혼)를 고려한 정책 설계

② 인식론+초월성: 인간의 인식은 이성과 감각을 넘어서 직관, 통찰, 영적 체험으로 확장될 수 있다.

4. 결론

결론적으로 존재론적 정책학은 다음과 같은 관점을 지닌다.

① 존재론의 관점에서, 정책은 단순히 외부 현실을 반영하는 것이라기보다는, '인간−사회−세계의 의미'를 담은 사회적 구성물social construct이라고 본다.

② 인식론의 관점에서, 객관적 데이터와 분석만을 중시하지 않고, 성찰성과 맥락적 인식을 중시한다.

③ 정책행위자는 분석자, 중립적 전문가를 넘어 존재에 개입하는 성찰적 주체가 되어야 한다.

④ 이론적 기반은 실증주의, 도구주의를 넘어 해석학, 현상학, 형이상학, 영성과 직관을 활용한다.

뇌 과학과 정책학의 연결

최근 뇌 과학에서의 신경가소성Neuroplasticity, 송과체Pineal gland, 미주신경Vagus nerve과 같은 개념은 정책학과 깊은 연결 고리를 가질 수 있다. 송과체, 미주신경은 단순한 신체 기관이나 생물학적 호르몬이 아니다. 이들은 우리 몸의 가장 심층에 존재하는 영적 관문들이다. 이들의 문이 열릴 때 우린 영적 각성이 일어나고 진동 주파수가 올라가며 존재의 본질을 보게 된다. 송과체가 영적 신호를 받아들이는 동안, 미주신경은 더 나아가 우리의 신경을 고요함으로 이끌고 평화와 창의성을 고조시킨다.

1. 신경가소성과 정책학

먼저, 신경가소성 개념은 정책학의 인간 행위 이해, 학습과 변화, 제도 설계, 성찰성 등의 이론과 맞닿아 있다.

1) 정책학의 인간 이해: 인간은 고정된 존재가 아니다

전통적인 정책 이론에서는 인간을 합리적 행위자Rational Actor 또는 제도에 의해 제약된 존재로 보았다. 그러나 신경가소성은 인간이 변화 가능한 존재임을 보여준다. 가령, 정책 대상자 혹은 시민도 학습을 통해 인식과 행동을 바꾸는 존재라는 이해가 필요한 것이다. 예컨대, 복지 정책이 단순히 물질을 공급하는 것만이 아니라, 자기 효능감과 사회적 신뢰를 재구성할 수 있도록 설계되어야 하며, 대형재난에 미리 대응하는 방식도 지방정부는 시민들에 대한 안내를 통해 인식과 행동을 유도하는 방향으로 설계되어야 한다.

2) 성찰적 정책학과의 연결: 학습하는 정책 주체

'성찰성reflexivity'은 정책 주체가 자신의 인식과 구조를 되돌아보고 재조정하는 능력을 의미한다. 신경가소성은 생물학적 성찰성의 기반이라고 이해할 수 있다. 즉, 인간은 자기 신경망을 다시 구성하며, 사회적 혹은 정책적 성찰을 수행할 수 있는 존재인 것이다. 따라서 정책은 주입식 설계가 아니라, 주체의 내적 구조 변화를 촉진하는 방향으로 구성되어야 한다.

3) 정책 변화와 제도 설계: 학습과 적응의 메커니즘

정책 시스템도 일종의 집합적 신경망처럼 사고할 수 있다. 이런 점에서 정책 실패 후의 반성과 재설계, 공공조직의 학습 등은 제도적 신경가소성이라 부를 수 있는 것이다. 예컨대, 정책 실험실, 파일럿 프로그램, 시민참여 정책 디자인은 모두 사회적 신경가소성social neuroplasticity을 촉진하는 중요한 기제인 것이다.

4) 포스트실증주의와 정책학의 패러다임 전환

실증주의 정책학은 인간과 정책을 기계처럼 다루지만, 포스트실증주의는 인간이 다층적, 비결정론적, 의미 중심의 존재임을 보여준다. 이에 우리는 인지적·정서적 변화까지 고려한 정책 설계의 패러다임 전환이 필요하다. 즉, 정책은 단순한 정보의 제공이 아니라, 의미와 구조의 재형성을 유도하는 과정이 되어야 하는 것이다.

5) 결론

결론적으로, 최근 뇌 과학이나 신경가소성 이론은 정책학에서 '변화 가능성'의 과학적 근거를 제공하고 있다. 인간은 학습하고 적응하는 존재이며, 정책도 사람과 사회의 '신경회로'를 설계하고 자극하는 작업으로 이해되어야 한다. 따라서 이는 존재론적 정책학, 인식론적 정책학, 실천적 정책학 모두에서 통합적으로 활용될 수 있을 것이다.

2. 송과체와 정책학

우리 뇌의 송과체Pineal Gland 개념은 심층의식이라는 연결고리를 통해 정책학의 근원적 인식과 정책결정의 영성적 차원을 연결시킨다. 이는 기존의 이성과 제도 중심의 정책학을 넘어 직관과 통찰을 포용하는 고차원 이론모형의 정립을 가능케 해준다.

1) 정책적 통찰의 영적 안테나: 내적 인식의 관문

우리 뇌는 단순한 물질적 도구가 아니다. 우주는 고정된 물질이 아니라 살아 움직이는 진동의 패턴이다. 우리 뇌에는 우리를 더 높은 차원으로 연결시키는 영적 안테나가 있다. 우리는 이것을 통해 더 높은 주파수로 고양될 수 있다.

동서양 철학과 많은 신비주의 전통에서는 영적 신호를 수신하고, 또 우리를 더 높은 차원으로 연결하는 지점이 바로 우리 뇌의 깊은 곳에 있다고 말한다. 바로 송과체다. 이는 '제3의 눈', 또는 내적 인식의 관문이다. 데카르트는 이를 '영혼이 머무는 곳'이라고 보았고, 현대 의식연구 및 심리학에서는 직관적 인식, 영적 통찰, 내면 감각의 중추로 보았다. 이것은 높은 정책적 직관이나 통찰로 이어지는 내적 인식의 관문이다.

2) 심층의식과 송과체: 직관과 무의식의 교차점

심층의식은 무의식, 집단무의식, 전생기억, 트라우마, 존재감각 등 표층적인 생각 차원을 넘어서서 존재하는 의식의 깊은 층위를 말한다. 송과체는 외부 자극을 넘어서 내면으로 향하는 직관적 감각 센서 역할을 하며, 이로써 심층의식에 접근하는 인지적 관문으로 작용한다. 즉, 송과체를 통해 '일견 비합리적으로 보이지만 의미 있는 내면 정보감각, 통찰, 직관'를 표층의식으로 전달하는 것이다.

3) 성찰성: 직관적 자기 인식의 활성화

성찰성은 자기의 생각과 감정을 객관적으로 바라보고 재구성하는 능력이다. 여기에 직관이 결합되면, 성찰성은 이성+직관+영성이 결합된 고차원적 인식으로 확장된다.

이는 다음을 가능하게 한다.

① 내면의 통합되지 않은 파편들에 대한 감지
② 정책행위자의 존재론적 불안, 내면 균열, 심층 신념에 대한 비판적 자각
③ '왜 나는 이 정책을 지지하거나 거부하는가?'에 대한 존재론적 성찰

4) 정책학의 확장: 직관·영성·존재의 정책학

전통적 정책학은 합리성과 제도 중심의 학문이었으나, 직관적 통찰과 심층의식의 성찰을 포함하면, 정책학은 다음과 같은 특성을 갖게 된다.

① 정책행위자의 직관적 인식능력에 기반한 정책결정과 정책과정
② 심층적 영성, 존재감각, 삶의 목적의식이 반영된 정책비전
③ 통합된 자아와 존재 기반 위에서의 정책행위내면이 조화로울 때 외적 정책도 조화롭게 형성

5) 도식화

이를 도식화하면, '뇌 → 송과체 → 직관과 내면 인식 → 심층의식 접속 → 성찰성에 의해 조명 → 정책행위자 변화 → 정책 비전 형성'으로 이어진다.

결론적으로, '정책행위자의 눈은 바깥만 보는 것이 아니라 안으로도 본다.' 우리 뇌의 송과체는 그 내면의 눈이며, 심층의식을 비추는 등불이다. 성찰성은 그 등불을 들고 자신을 관조하게 한다. 그 결과, 정책은 단순한 제도적 설계가 아닌, 존재와 존재를 잇는 창조적 행위가 되는 것이다.

3. 미주신경과 정책학

'미주신경'은 우리 몸의 가장 심층에 깊게 그리고 널리 깔려 있는 신경세포체계이다. 이러한 통로를 통해 우리는 심층의식에 이를 수 있다. 즉, 이것은 몸과 마음을 이어주는 끈이므로 정책학에 있어서도 인간의 심층의식을 탐구하는 깊은 정책학을 구성하는 핵심 기제가 될 수 있다.

1) 심층의식과 미주신경: 몸-마음-무의식의 통로

미주신경은 자율신경계의 핵심 축이다. 우리 몸의 근원에 존재하는 '뇌-감정-기억-무의식'을 연결하는 주요 경로이며, 심층의식으로 이어지는 통로이다. 예컨대, 과거의 상처trauma나 억압된 기억

은 미주신경을 통해 신체 내부에 체화되어 남고, 이는 정책행위자의 판단, 반응성, 신념체계에 무의식적으로 영향을 준다.

2) 성찰성: 심층신체의식에 대한 인식과 초월

성찰성이란, 단순한 인지적 반성reflection을 넘어, 심층적 감정과 신체적 기억까지 성찰하는 자기 통찰 능력을 의미한다.

미주신경과 같은 자율신경의 상태까지 미세하게 인식하고 조절할 수 있는 능력은 '고도화된 성찰성'이라고 볼 수 있다. 이는 '몸으로 구현된 높은 단계의 성찰성a high level of reflexivity'이라고 부를 수 있다.

3) 정책학의 새로운 지평

전통적 정책학은 제도, 이해관계, 합리성 중심이었지만, 심층의식과 미주신경을 통합하면 정책학은 몸–마음–영성을 연결하는 통합적 학문으로 진화할 수 있다. 이때 정책학은 다음을 포함하게 된다.

① 정책행위자의 신체적 감각과 반응성 분석
② 트라우마 기반 정책 반응, 혹은 회피와 투사로 인한 정책왜곡 해석
③ 심층 성찰을 통한 내면 변화 → 정책 변화 메커니즘 제시

4) 도식화

이를 도식화하면, '뇌 → 미주신경 → 감정 · 기억 저장 → 심층의식 형성 → 성찰성 통해 인식 및 조절 → 정책행위 변화'로 정리된다.

결론적으로, '정책행위자는 사고하는 두뇌일 뿐 아니라, 기억하는 몸이다.' 우리 몸의 미주신경은 이 기억을 심층의식으로 저장하며, 성찰성은 이를 읽어내는 인식의 빛이다. 이 통합은 정책학을 존재론적 치유와 창조의 학문으로 이끌 수 있다.

정책학의 성찰성 구현

1. 기본 개념

성찰적 정책학Reflexive Policy Science은 정책 분석가나 정책 담당자가 단순히 외부 세계정책 대상를 분석하고 조작하는 데 그치지 않고, 자기 자신주체의 인식, 가치, 존재 방식을 반성적 성찰의 대상으로 삼는 정책학이다. 자기성찰, 존재론적 자각, 윤리성, 인식론적 책임이 핵심 키워드이다. 이는 존재론적·윤리적 접근을 강조하며, 기술적·도구적 접근을 중시하는 전통적 정책학과는 구별된다.

2. 핵심 이론적 배경

1) 데카르트: 주체의 자각

'나는 생각한다, 고로 존재한다.'라는 데카르트 명제가 자기의식의 출발점이다. 정책학에서도 정책가의 자각, 존재의 성찰이 출발점이 되었다.

2) 하버마스의 의사소통 합리성

정책은 도구적 합리성만이 아니라 대화적·성찰적 합리성을 추구해야 한다. 성찰적 정책학은 정책 담론, 정당성, 참여를 중시한다.

3) 울리히 벡의 비판적 체계사고

정책가는 자신의 한계, 가치, 전제를 비판적으로 점검해야 한다. 이는 단순한 '문제 해결자'가 아니라 '윤리적 성찰자'가 되어야 함을 의미한다.

4) 성찰성 개념

인간의 '성찰성reflexivity'은 표층적 사고를 넘어 심층적 자기 존재의식으로 나아가는 힘이다. 이는 정책학이 효율성이나 기계적 해석을 넘어서, '존재로서의 정책가', '존엄한 인간'이라는 철학적 토대를 지니고 있다.

3. 왜 지금 성찰적 정책학이 필요한가?

① AI, 빅데이터, 자동화 시대에는 기술적 정책 결정이 증가하는 바, 인간 중심 가치와 윤리 회복이 더욱 필요하다.

② 복잡하고 다원적인 사회문제가 등장하면서 단선적 해석보다 다층적 관점, 성찰적 접근 필요하다.

③ 정책 신뢰의 위기가 오면서 정책가가 자기 성찰, 윤리적 책임을 통해 정당성을 확보해야 할 필요성은 더욱 증대되고 있다.

4. 존재론적 정책학과의 접점

성찰적 정책학은 단순히 사고방식을 반성하는 데 그치지 않고, 정책가로서 '나는 누구인가?', '어떤 존재로서 행동해야 하는가?'를 묻는다. 이는 곧 정책학과 존재론ontology, 의식장 이론, 초월적 사유로 연결된다.

① 정책 설계자는 단순히 '정책 효과'를 묻는 것이 아니라, '내가 설계한 이 정책은 인간의 존엄을 어떻게 대우하고 있는가?'를 고민해야 한다.
② 정책 분석가는 '정책 대상이 누구인가'보다 '내가 누구의 관점으로 정책을 보고 있는가?'를 먼저 성찰해야 한다.
③ 참여적 정책 과정에서 '누가 말할 수 있는 권리를 갖는가?', '내가 그것을 어떻게 규정하고 있는가?'를 깊이 숙고해야 한다.

5. 결론

인생의 아름다운 원칙은 단순 정보가 아니라 '실존적 관계' 안에서 드러난다. 바람직한 정책 역시 단순한 기술적 선택이 아니라 정책의 정당성 안에서 태어나는 것이다. 존재론적 정책학은 '어떤 질서가 정의로운가'를 묻는 존재론적 기준을 토대로 펼쳐진다.

존재론적 정책학은 딱딱한 행정 마인드로는 이루어지지 않는다. 이는 인문학적 통찰과 창조적 성찰을 통해 고양된다. 정책학이 인문학과의 창조적 융합을 통해 인간의 존엄성을 구현하고 이를 가능케 하는 철학적 탐색이 활성화 될 때 그 조건이 성숙된다. 따라서 인간의 존엄을 강조하는 정책학은 향후 인간이 '인간다움'을 실현하고자 하는 인문학을 탐구해야 한다. 좋은 정부란 '자유'와 '공리'를 넘어 선善 의지와 실천이성을 활성화할 수 있는 창조적 행정과 정책을 펼치는 정부이기 때문이다.

이러한 관점에서 정책학의 성찰성 구현을 위한 핵심 아젠다를 제시하면 다음과 같다.

표 5-1 정책학의 성찰성 구현을 위한 핵심 아젠다

좋은 정부가 고려해야 하는 아젠다
1. 자유: 좋은 정부는 '자유'와 풍요를 넘어 '실천적 이성'이 활성화시켜야 한다 → 존엄의 본질 2. 실존: 정책학의 '실천적 이성'과 '실존'은 닮았음 3. 휴머니즘: 문명의 목적은 과학과 기술의 진보가 아닌 '인간의 진보' 4. 자아: 프로이트의 '정신분석이론'과 인간의 존엄성 5. 향상심: 괴테의 '향상심'과 인간의 존엄성 6. 전체주의에 대한 사전 대응: 한나 아렌트의 '악의 평범성' 사유와 전체주의의 기원The Origin of Totalitarianism 7. 미래학: 정책학은 '바람직한 미래'가 무엇인지 고민하고 이를 통해 미래의 '다양한 가능성'을 전망해야 함.

정책학의 창조성 구현

정책학의 존재론 연구는 결국 '창조성'이라는 주제를 생각해 보게 만든다.

창조성이란 '앞으로 나아가게 하다', '보다 높은 가치를 지향', '새로움을 내포한 품격' 등을 뜻한다. 창조성, 'creativity'의 어원인 'create'는 '앞으로 나아가게 하다', '성장하다'의 의미를 지니고 있으며, 이는 곧 '보다 높은 가치'를 추구하는 것이다. 따라서 창조성은 항상 '새로움'과 함께 하는 것이다.

정책학에서도 '창조성'은 최고의 가치를 지닌다. 정책학이 인간의 존엄성 실현을 추구하는 학문이라고 할 때, 인간의 존엄성 실현이란 곧 인간의 가장 높은 가치의 발현인 창조성을 실현하는 것으로 볼 수 있기 때문이다. 즉, 정책학은 인간의 창조적 품격을 실현시키고자 다양한 과학적 수단을 창조적으로 탐구하는 학문이다.

이러한 창조적 정책학 역시 인간에 대한 깊은 연민과 이해, 사랑과 예절, 공동체에 대한 새로운 지혜에 기초한다. 정책학이 단순히 정책이라는 도구적 수단성에 함몰될 게 아니라 현대 민주주의의 가치를 확인해 나가면서 인간을 인간답게 해주는 성찰성과 같은 이념과 철학을 지닐 때 그 사회의 창조성이 발현되고 꽃피울 수 있는 것이다권기헌, 2018: 9-10.

우리의 마음이 고요하고, 창조적이며, 직관적인 상태가 될 때가 있다. 이때 우리의 의식은 순수하고 창조적으로 흐른다.

창조모드가 작동하는 것이다. 뇌 의식 상태는 알파파α에서 세타파θ로 내려가며, 더 깊은 심층의식에 들 경우 일관성 있고 동조성 높은 감마파γ를 띤다.

정책학에도 낮은 차원의 플랫폼과 높은 차원의 플랫폼이 공존하고 있다. 비록 우리의 현실이 낮은 차원의 플랫폼에 머물고 있을지라도 학문의 미래는 높은 차원의 플랫폼을 지향해야 한다. 인문학 거장들의 마인드와 가르침이 이러한 방향을 지적하고 있다.

마틴 셀리그만M. Seligman, 칙센트 미하이C. Mihalyi와 같은 긍정심리학자들이나 독일의 대문호 괴테는 긍정과 행복에 기초한 향상심向上心을 강조하고 있다. 또한, 한나 아렌트H. Arendt는 인간과 인간의 모임인 공동체의 중요성을 강조했으며, 따라서 사람과 사람 사이의 관계와 공공성, 그리고 공동체 내에서 타인을 인정하고 소통하는 공적 가치의 중요성을 강조했다.

이러한 인간에 대한 깊은 연민과 이해, 사랑과 예절, 공동체에 대한 새로운 발견과 지혜, 긍정과 행복을 통한 향상심 철학은 우리가 앞에서 언급한 높은 차원의 진리와 선善을 향한 의지를 지적하고 있다. 우리의 정책학이 단순히 관료제의 도구성에 함몰될 게 아니라 현대 민주주의의 가치를 확인해 나가면서 인간을 인간답게 해 주는 성찰성과 같은 이념과 철학적 기반이 중요하다는 점을 다시 한번 확인시키고 있는 것이다권기헌, 2018: 9-10.

이러한 관점에서 정책학의 창조성 구현을 위한 핵심 연구 주제를 제시하면 다음과 같다.

- 개인적 자유: 좋은 정부는 인간 의식의 심층적 측면에 대해 깊이 숙고해야 한다. 이것은 이드id 혹은 리비도libido 같은 프로이드의 무의식을 넘어서는 것으로서 인간의 직관과 창의성 향상에 깊이 연결되어 있다.

- 향상심: 좋은 정부는 괴테가 말한 향상심에 대해 깊이 숙고해야 한다. 이것은 인간의 긍정심리 혹은 행복과 깊이 연결되어 있다.

- 공동체: 좋은 정부는 선한 공동체, 인간관계 향상 등 바람직한 삶의 가치에 대해 깊이 숙고해야 한다. 이것은 한나 아렌트가 강조했듯이, 전체주의의 위험에 빠지는 것을 사전에 예방하는 길이다. 공동체, 사회관계, 공적 가치의 중요성에 관한 것이다. 우리는 공공영역의 장을 활성화함으로써 공개적 토론 및 바람직한 소통 기회를 확대해 나가야 한다.

또한, 자유 민주주의를 확고하게 정착시키기 위한 다양한 노력들이 병행되어야 한다.

그림 5-1 정책학의 창조성 구현

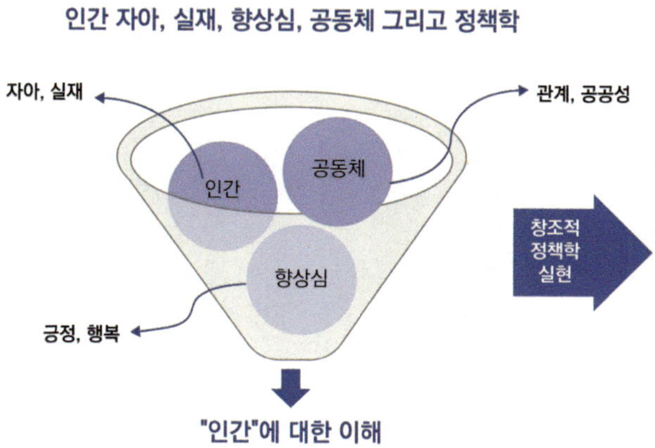

존재론적 정책학의 완성

인간은 단순한 생물학적 존재가 아니라, 우주적 질서를 내면화한 존재이다. 이는 정책학에서 인간 주체를 단순한 합리적 선택 주체로 보는 것을 넘어, 존재론적 총체성을 가진 존재로 봐야 하는 것을 의미한다.

따라서 정책학의 존재론적 전환이란 정책을 단지 행위action나 제도institution의 문제로 보지 않고, 존재being의 방식, 삶의 구조, 깊은 심층의식의 질적 흐름으로 이해하는 것이다. 이런 관점에서 정책학은 다음과 같은 근원적 질문을 던진다.

① 정책은 누구를 위한 것인가?
② 정책 결정자는 어떤 신념과 가치를 가져야 하는가?
③ 정책의 존재론적 가치는 무엇인가?

이를 좀 더 심화시키면 다음과 같다.

① 나는 정책을 존재론적으로 보고 있는가? 우리는 누구이며, 무엇을 위해 정책을 만드는가?

예: 인간과 생명 중심의 정책을 설계하고 있는가?

② 나는 제도의 규범성과 지속 가능성을 고려하고 있는가?

예: 법과 제도 위에 정책이 뿌리내리고 있는가?

③ 나는 비판적 시각으로 성찰하고 있는가?

예: 현재의 정책이 정의롭고 지속 가능한가?

더 나아가, '존재론적 정책학'의 완성을 위해 필요한 연구 주제들을 종합적으로 제시하면 다음과 같다.

1. 성찰적 정책학Reflexive Policy Science의 심화

존재론적 정책학에서 말하는 성찰성은 자기 성찰과 내면적 인식을 확장시키는 상태이다. 이는 다음을 가능하게 한다.

① 정책가의 주체적 각성: 기존의 외재적 분석 중심 정책학에서 벗어나, 창조적 주체로서의 정책가가 내면의 통찰을 기반으로 정책을 설계하는 것이다.

② 내면적 성찰 기반의 문제 정의: 정책 문제가 단지 '객관적 자료'로 구성되는 것이 아니라, 의식의 구조와 깊이에 따라 인식되고 정의될 수 있음을 전제해야 한다.

2. 정책 인식론의 확장

존재론적 정책학은 인간이 통상 인지하지 못하는 무의식 또는 잠재의식의 정보 장場에 접근할 수 있는 상태이다.

이를 통해 정책학은 다음과 같은 확장을 가질 수 있다.

① 직관 기반 정책결정Intuitive Policy Decision-making: 단순한 데이터를 넘어, 직관과 상상력이 주도하는 정책 아이디어 형성이 가능해야 한다.
② '정보의 장field of information'으로서 정책 환경: 정책 환경을 단순한 물리적 공간이 아니라, '의식과 정보가 상호작용하는 장場'으로 해석해야 한다.

3. 심층 민주주의와 집단의식

존재론적 정책학은 개인의식 확장을 넘어서, 공동체적 의식 확장의 가능성도 시사한다. 이것은 다음과 같은 방향으로 응용이 가능하다.

① 정책참여의 의식적 진화: 시민이 참여하는 민주주의를, 단순한 제도적 절차가 아닌 의식 공동 창조의 장으로 접근해야 한다.
② 공동체 무의식의 조율: 정책은 단지 개인들의 의견이 아니라, 집단 무의식의 움직임을 감지하고 그것을 조율하는 과정이 필요하다.

4. 형이상학적 정책설계Metaphysical Policy Design

존재론적 정책학은 정책의 구조를 '보이는 현실'이 아니라 '의식의 투사'로 해석할 가능성을 연다.

① 정책을 '의식-현실' 상호작용의 결과물로 재정의
② 정책목표 설정 과정에 있어, 존재의 목적, 근원적 방향성까지 통합 가능
③ 정책 패러다임 전환: 정책으로 세계를 변화시키기 전에 정책가의 의식을 먼저 변화시켜야 한다.

5. 결론

전통적 정책학은 인간을 단순한 정책행위자로 치부하는 경향이 있었지만, 존재론적 정책학은 인간을 심층의식과 성찰 능력을 지닌 정책 행위자로 재정의한다. 따라서 존재론적 정책학은 정책학에 다음과 같은 질문을 던진다.

'정책을 만드는 존재의 의식 상태는 과연 중요하지 않은가?'
'정책결정은 데이터를 종합한 결과인가, 아니면 고요한 내면에서 올라오는 존재의 목소리인가?'

이런 관점에서 존재론적 정책학은 다음을 바라본다.

① 정책을 외부 환경에 대한 반응이 아니라, 존재로부터의 표현으로 본다.
② 정책결정자는 단지 문제 해결자가 아니라, 자각된 존재self-aware being로 본다.
③ 정책은 객관적 현실을 설계하는 행위가 아니라, 존재와 존재가 만나는 장場에서 이루어지는 의식적 창조이다.

이러한 존재론적 정책학의 패러다임은 정책학의 근본적 전환을 가능하게 하며, 궁극적으로는 '심층의식 기반 정책학' 또는 '통합의식 정책학'이라는 새로운 학문적 패러다임을 열어가는 기반을 제공할 것이다.

제6장

정책학의 새로운 품격[28]

Deep Theory

Deep Theory

정책학의 시대정신

현대사회는 세계화, 혁신, 리더십의 도전이라는 키워드에 직면하고 있다. 코로나 팬데믹, 미중 패권경쟁 등 국제정치질서의 재편, 국지적 전쟁의 재부상, 세계경제의 침체, 급격한 기후변화 및 재난 등이 지구촌을 강타하면서 VUCA로 대변되는 변동성Volatility, 불확실성Uncertainty, 복잡성Complexity, 모호성Ambiguity을 특징으로 하는 시대에 진입했다. 한편 인공지능, 반도체, 로봇, 자율주행 등으로 대표되는 첨단기술혁명은 이러한 변동성을 증폭시키고 있다.

우리는 지금 시간, 속도, 불확실성을 특징으로 하는 디지털 문명 속에서 많은 불확실성에 직면해 있다. 생각의 속도와 혁신의 방향이 그 어느 때보다도 중요해진 시대에 살고 있는 것이다. 총체적인 패러다임 전환을 필요하다.

이러한 급변하는 시대 변화는 행정학과 정책학에 있어서도 기존의 이론만으로는 대처하기 어렵다는 것을 시사하고 있다. 전통적인 효율성·민주성 이념만으로 이러한 환경 변화에 대응하기 어렵다는 것이다. 급속도로 변화하는 환경에 대한 성찰이 무엇보다 중요해지고 있으며, 첨단기술의 변화 속에서 오히려 인간의 정신과 심층의식에 대한 고려가 더 중요해지고 있다.

그림 6-1 정책학의 시대정신과 리더십의 도전

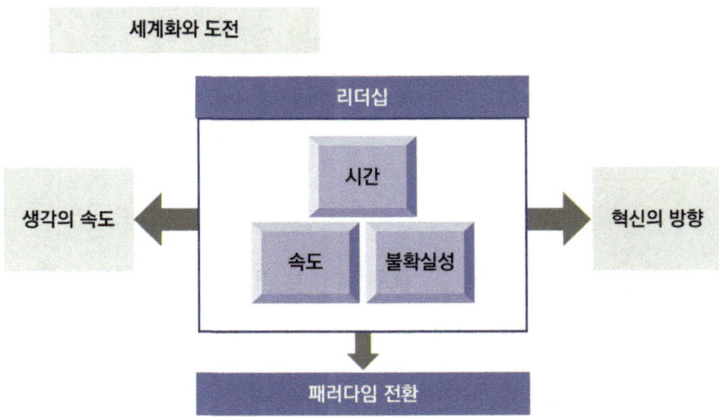

정책의 품격

정책에도 품격이 있을까? 정책의 품品: Nature은 높은 단계의 플랫폼이며, 정책의 질질: Technics은 낮은 단계의 플랫폼이다. 앞에서 언급한 문제들을 조금 더 상론해 보기로 하자.

정책의 품品: Nature에 해당하는 질문들은 어떤 것들이 있을까?[29]

① 사회의 좀 더 높은 차원과 수준의 가치를 보호하고, 고양하고, 신장하는 정책인가?

② 현대의 흐름과 역사적 대세에 부합하는 정책인가? 인류역사의 보편적 경험을 존중하고 있는가?

③ 국민 개개인이 시대의 변화와 요구, 새로운 상황과 문제에 빠르고 효과적으로 적응하기 위해 각자가 적절한 대응책을 모색해 갈 수 있도록 학습과 혁신을 자극하고, 고무하며, 조장하는 정책인가?

④ 공개적으로 표명된 정책목표와 실제목표가 일치하는가? 정치

적 목적을 은폐하고 있지 않은가? 정책이 미치게 될 계층 간, 지역 간, 집단 간 분배효과를 투명하게 다루고 있는가?

⑤ 정책의 실패나 오차, 혹은 의도하지 않은 결과unintended consequences의 발생을 예견하고 있는가? 그에 대한 대비책을 마련하고 있는가? 예기치 못한 상황의 변화에 대응할 수 있을 정도의 여유와 신축성이 있는가?

⑥ 사회문제 해결을 위한 부담의 분담과 책임의 귀속 면에서 정당성이 있는가? 민간에게 무리한 부담과 책임을 부과하고 있지는 않은가? 행정책임을 모면하기에 급급하지 않은가?

한편, 정책의 질Technics에 해당하는 질문들은 어떤 것들이 있을까?

① 정책문제가 정확하게 포착되었는가?

② 정책목표가 이론적 혹은 현실적으로 타당성이 있는가? 그런 정책목표의 달성은 정부의 개입이나 규제가 없으면 실현되기 어려운가? 시장실패 요인의 존재 여부 등 정부개입의 정당성을 명확하게 확인하고 있는가?

③ 정책이 추구하는 정책목표의 달성에 효과성이 있는가?

④ 정책목표의 달성을 위해 가능한 모든 대안이 총체적으로 검토되고 그 가운데서 가장 효율적인 최선의 수단이 올바로 선택되었는가?

⑤ 정책의 집행과정에서 발생할 수 있는 문제들이 충분히 고려되고 대책이 마련되어 있는가? 정책의 목적과 취지가 국민에게 잘 전달되어 설득력을 지니고 있는가? 정책의 집행과정에서 요구되는 적절하고 충분한 행정조직과 인력, 예산, 법절차 등이 잘 구비되어 있는가? 정책집행의 일관성과 형평성이 확보

되고 있는가?

⑥ 정책의 실패나 오차를 수정할 학습 장치는 준비되어 있는가?

이처럼 정책의 질에 해당하는 기술적인 요건뿐만 아니라 정책의 품에 해당하는 근본적인 요소를 고려할 때 정책학 이론은 보다 더 완전해질 수 있다. 이는 정책학 이론이 낮은 차원을 넘어 높은 차원의 플랫폼을 향해 나가야 함을 의미한다.

정부의 품격

정부에도 품격이 있을까?

정부 역시 품과 질이 있다. 품Nature은 높은 차원의 플랫폼으로서 우리가 사는 세상을 보다 아름답고 선한 세상으로 구현해 나가는 정부이며, 질Technics은 낮은 차원의 플랫폼으로서 우리가 사는 세상의 기본적인 물질 기반과 욕구를 충족시키는 정부이다. 낮은 차원의 플랫폼에서 정부는 물질 사회의 다양한 욕구에 부응하는 일을 한다. 효율적이고 튼튼한 경제 및 국방 안보 인프라 구축, 치안과 법질서 유지, 절차와 제도로서의 민주주의 준수 등을 말한다.

한편, 높은 차원의 플랫폼에서 정부는 인간이 정신을 고양하고 서로 조화롭게 살 수 있는 세상을 만들어 나가야 한다. 어떻게 하면 보다 높은 차원에서 아름답고 선善한 사회를 구현해 나갈 것인가를 탐구하는 것을 말한다.

단순한 법질서의 유지, 경제의 안정과 만족이라는 물질적 감각은 더 높은 차원의 진리眞理와 선善을 추구하는 정부의 높은 철학에 의해 더욱 풍요로운 사회로 변모해 나간다. 이런 방식으로 정부의 품격은 낮은 차원에서 높은 차원으로 발달해 나간다.

그림 6-2 정부의 품격

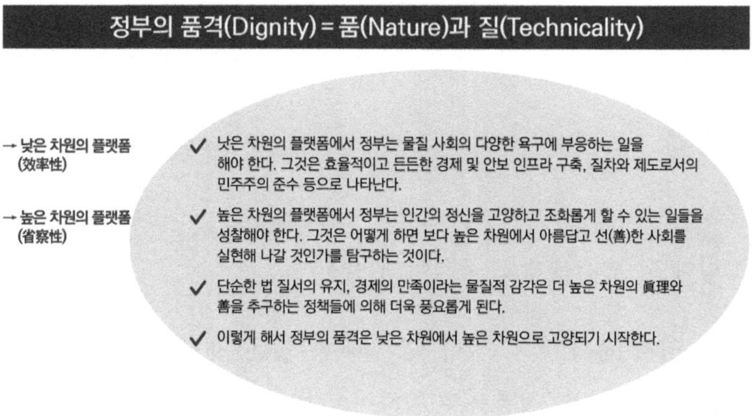

인간의 품격

그렇다면, 인간에게도 품격이 있을까?

인간 역시 품과 질이 있다. 품Nature은 높은 차원의 플랫폼으로서 내면의 인격, 지식, 성품을 지칭하며, 질Technics은 낮은 차원의 플랫폼으로서 외모, 재능, 기술을 지칭한다.

낮은 차원에서 인간은 물질계형이하의 세계의 다양한 데이터를 통해 '감각'을 발달시킨다. 높은 차원에서 인간은 절대계형이상의 세계의 다양한 신호와 정보를 통해 '직관'을 발달시킨다. 이러한 직관은 다양한 지식과 수양을 통해 발현되며, 진리眞理와 선善이라는 고차원적 사고와 이성을 통해 고양된다. 또한 이러한 직관을 발달시키는 사람은 단순한 호好 불호不好, 유불리有不利의 이해득실의 차원을 벗어나 더 높은 차원의 진리眞理와 선善에 의한 새로운 직관의 세계와 마주한다. 이러한 방식으로 인간의 품격은 낮은 차원에서 높은 차원으로 발달해 나간다.

모든 힘은 내면으로부터 나온다. 마음가짐이 우리의 사고를 좌우한다. 인생에서 얼마만큼의 힘을 가지고 어느 정도로 달성할 수 있는지는 생각의 태도에 달려있다. 내면세계의 조화는 원만한 상태, 쾌적한 환경, 풍요로운 생활로 외부세계에 나타난다. 그것은 건강하게 살기 위한 토대이며, 인생을 힘차게 살기 위해 그리고 위대한 일을 달성하고 성공하기 위해 반드시 필요한 것이다찰스 해낼, 2018.[30]

찰스 해낼은 다음과 같이 말했다[31].

> 마음이 효율적인 작용은 조화에서 나온다. 힘을 얻고자 하는 사람은 자연의 법칙과의 조화가 필요하다. 우리는 잠재의식을 통해 내면세계와 소통을 하며, 태양신경총이라는 기관에서 마음을 관장한다. 교감신경계가 기쁨, 두려움, 사랑, 이 밖의 모든 무의식적인 감정을 관장하지만 우리는 높은 차원의 의식에서 우주정신과 연결함으로써 우주의 무한한 지성적 힘과 이어질 수 있다.

높은 차원에서 인간은 강한 확신을 가진다. 자신감은 창조적 실천으로 이어지는데, 그의 사고는 잠재의식에서 방해를 받지 않으며, 내면에서 이성과 감정은 잘 조화되어 있다. 그의 내면세계는 고요함과 텅 빔, 직관과 깨어 있음으로 조화를 이루고 있는 것이다.

그림 6-3 인간의 품격

인간의 품격(Dignity) = 품(Nature)과 질(Technicality)

→ 낮은 차원의 플랫폼 (效能感)

→ 높은 차원의 플랫폼 (當照性)

- ✓ 낮은 차원의 플랫폼에서 인간은 물질계의 다양한 테이터를 통해 '감각'을 발달시킨다.
- ✓ 높은 차원의 플랫폼에서 인간은 영계의 다양한 신호를 통해 '직관'을 발달시킨다.
- ✓ 그것은 다양한 지식과 수양을 통해 발현되며, 眞理와 善이라는 고차원적 思考을 통해 고양된다.
- ✓ 단순한 好 不好, 有 不利의 물질적 감각은 더 높은 차원의 眞理와 善에 의해 제어되기 시작한다.
- ✓ 이렇게 해서 인간의 품격은 낮은 차원에서 높은 차원으로 성장해 나간다.

높은 파동의 삶

높은 파동의 삶이란 무엇일까?

높은 파동의 삶이란 우리 내면에 존재하는 창조의 원리를 깨닫고, 이를 말과 행동을 통해 실천하는 삶이다. 그럴 때 의식은 높은 파동으로 고양되며, 그것은 생명력, 에너지, 활력으로 나타난다. 그리고 성공, 부, 건강, 사랑, 기쁨 등을 가져다준다.

우리 의식의 근원에 흐르는 높은 파동은 대개의 경우 상념想念에 의해 가로막혀 있다. 낮은 파동의 상념을 걷어 내고 높은 파동의 창조적 생각을 고양시킬 때 우리 안에 내재된 신성한 법칙은 밖으로 실현된다. 그 신성한 원리는 풍요, 건강, 사랑, 창조 등으로 이루어져 있는데, 가령 우리에게 풍요하게 번성하라고 하고, 건강하고 자유를 누리며, 서로 사랑하라고 한다. 또 맘껏 생명력을 누리며 창조하라고 한다. 이것이 생명의 법칙이다.

풍요, 번성, 건강, 자유, 사랑, 창조에는 생명력이 있으며, 그 반대의 낱말들, 그러니까 가난, 빈곤, 질병, 구속, 미움, 파괴에는 생명력이 없다. 이 후자의 존재들은 전자의 생명력이 오면 그냥 사라지는 비생명非生命의 존재들인 것이다. 마치 빛을 비추면 어둠이 사라지고, 아침이 오면 밤은 그냥 사라지듯이.

우리 안과 밖, 그리고 온 우주 만유는 전지전능한 전자電子들이 창조적 지성을 이루며 고차원의 파동으로 물결치고 있는데, 이 높은 차원의 파동은 풍요를 주고 사랑을 주고 창조를 주고 있다. 이를 궁극의 원리, 창조의 원리, 혹은 신성한 법칙32이라고 부를 수 있는데, 이러한 법칙을 모르고 낮은 파동으로 떨어질 때 우리의 삶은 비천해진다.

낮은 파동의 삶이란 가난, 질병, 다툼의 삶이다. 우리가 우리 안에 흐르는 신성하고 지고한 원리를 모르고 인간적인 욕망에 휘둘려 단지 무지無知와 아집我執의 삶을 살아갈 때, 우리 의식은 비천한 수준으로 떨어지고, 그 결과는 우울, 빈곤, 질병, 공포, 원망, 질투 등으로 나타난다.

높은 파동의 마음

마음에도 파동과 낮은 파동의 마음이 있다.

낮은 파동의 마음은 MIND마음라고 부른다. 우리의 몸, 외부 세계와 관련된 일상적인 생각, 감정 등을 말한다.

높은 파동의 마음은 CONSCIOUSNESS의식라고 부른다. 우리의 몸과 마음을 넘어서 보다 깊은 차원의 의식을 말한다.

낮은 파동의 마음은 형이하학의 질서를 의미하고 높은 파동의 마음은 형이상학의 질서를 의미한다. 낮은 파동의 마음은 불안, 걱정, 두려움을 반영하는 낮은 주파수로 나타나고, 높은 파동의 마음은 감사, 기쁨, 창조와 같은 높은 주파수로 나타난다. 낮은 파동의 마음은 우울, 빈곤과 같은 낮은 파동의 현실을 창조하고, 높은 파동의 마음은 성공, 건강과 같은 높은 파동의 현실을 창조한다.

한편, 높은 파동의 마음은 텅 비어 고요한데 또렷하게 깨어 있는 마음이다. 이런 파동의 마음에 머물 때 우린 생각은 명료하고 평화롭다. 이런 마음을 불교에서는 공적영지空寂靈知의 마음이라고 부른다. 빌 공空, 고요할 적寂, 밝을 영靈, 알지知, 즉 텅 비어 고요한데 또렷하게 깨어 있는 마음이다.

이처럼 우리 마음에도 낮은 차원과 함께 높은 차원이 있다.[33] 대상을 향해 깨어 있는 대상지對象知와 같은 일상적인 마음뿐만 아니라 대상이 없어도 깨어 있는 자기지自己知와 같은 마음을 높은 차원의 마음이라고 한다. 자기지自己知는 눈앞에 대상이 없어도 깨어 있는, 텅 비어 고요한 마음이다.

칙센트 미하이

미국 시카고 대학의 심리학자, 칙센트 미하이M. Csikszentmihalyi는 몰입을 높은 차원의 마음이라고 규정한다. 몰입의 단계에 들어가려면 두 가지 노력이 필요한데, 그 한 축은 역량Capacity이고 또 다른 축은 도전Challenge이다. 이를 위해 1) 목표Goal를 지향하는 삶, 2) 피드백Feedback을 통해 성과를 측정, 3) 도전Challenge을 통해 높은 단계의 삶을 지향해야 한다.

도전 의식은 높으나 역량이 미약한 상태를 불안ANXIETY이라고 하고, 역량은 높은데도 도전 의식이 낮은 상태를 권태BOREDOM라고 규정했다. 하지만 이를 응용해 본다면, 우리의 마음의식 상태는 하루 24시간 불안양의 상태과 권태음의 상태을 반복하는 경향이 있다. 이를 피하기 위해서는 불안도 권태도 아닌 고요하고 밝은 마음의 높은 단계에 도달해야 하는데, 그것을 그는 몰입FLOW STATE이라고 불렀다.

그림 6-4 높은 차원의 마음

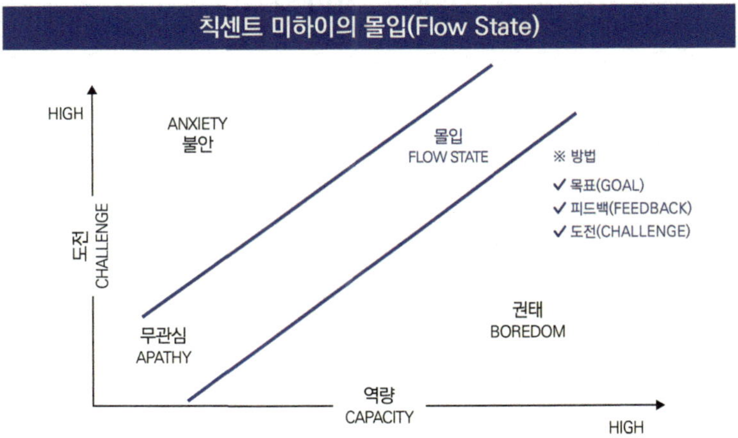

높은 차원의 마음

칙센트 미하이의 ANXIETY불안를 해석해 보면, 흩어진 기운으로서 산란심散亂心이다. 또한 칙센트 미하이의 BOREDOM권태을 해석해 보면, 이는 가라앉은 기운으로서 혼침심昏沈心이다.

흩어진 기운은 어둡고, 가라앉은 기운은 무겁다. 반대로 모아진 기운은 밝으며, 생동하는 기운은 맑고 가볍다.

어둡고 무거운 기운은 죽은 기운이고 밝게 생동하는 기운은 산 기운이다.

낮은 차원34의 죽은 기운을 살아 숨 쉬게 하는 방법은 무엇일까? 그리하여 어둡고 무거운 기운을 밝고 가볍게, 그리하여 높은 차원으로 고양시키는 방법은 무엇일까?

우주의 큰 생명35—大心靈은 하나의 기운이며, 늘 밝고 힘차게 고동치며 살아 숨 쉰다. 하지만 우리는 지혜가 없어 일상에서 자주 그걸 놓친다. 흩어지고 가라앉는다. 또한 어두워진다.

흩어진 기운을 하나로 모아 밝게 만들고, 가라앉은 기운을 살아 숨 쉬게 해야 한다. 마음이 어두워지면 즉시 멈추고 참나 상태로 돌아가 근원과 하나 되어야 한다. 그리하여 마침내 하나의 큰 밝은 생명과 하나 되는 공부가 필요하다.

사람은 마음먹고 노력하는 대로 된다. 농사라는 행위業를 자꾸 짓는 사람을 농업농사꾼, 장사라는 행위業를 자꾸 짓는 사람을 상업장사꾼이라고 하듯이, 우주 큰 생명이 밝고 높은, 그리고 하나된 기운을 자꾸 그리워하고 염원하는 행위를 하는 사람은 결국에는 그 큰 하나의 밝은 생명36을 닮아 나간다. 고요하고 텅 빈 가운데 밝은 알아차림의 의식으로 들어가 그곳에서 존재의 근원과 하나가 되라. 그것이 높은 차원의 마음을 향해 나가는 길이다.

표 6-1 낮은 단계의 플랫폼과 높은 단계의 플랫폼: 개인과 사회의 성찰성 요약

◐ 낮은 단계의 플랫폼: 가난, 질병, 불안

◎ 개인 차원의 성찰성(공부, 수행)

⇨ 잠재의식의 정화 ⇨ 자존감 ⇨ 자신감
⇨ 높은 파동으로 고양
⇨ 대아大我로 확장37 ⇨ 영적 승리
⇨ 부, 건강, 사랑: 빛나는 삶(개인)

◎ 사회 차원의 성찰성(정책, 제도)

⇨ 사회 전체의 승격: 빛나는 문화(국가)

◐ 높은 단계의 플랫폼: 자유, 풍요, 번영(개인, 국가)

제7장

정책학의 새로운 모형[38]

Deep Theory

Deep Theory

지혜

사람의 신경은 뇌, 척수, 중추신경이 있고, 가슴과 복강으로 내려가서 교감신경이 있으며, 태양신경총에서 만난 중추와 교감은 다시 온몸 구석구석으로 미주신경을 내보낸다. 자율신경은 사랑, 기쁨, 우울, 공포 등 인간의 감정 작용에 의해 크게 좌우되므로 우리는 기쁘고 즐거운 일을 할 때는 활력이 넘치지만 비난받거나 불편한 일을 당하면 금방 의기소침해진다.

정부도 마찬가지이다. 인간과 인간을 다루는 일이 정책이므로 시민들의 정책에 대한 태도 역시 고정불변이 아니다. 동일한 조건과 환경이라도 정책 대상 집단정책수요자의 마음은 수시로 바뀌는 것이다. 정부정책공급자 역시 진지한 태도와 성찰, 진정성 어린 소통과 공감, 창조적 마인드에 의해 정책결과는 달라진다. 정부와 시민의 상호작용 역시 마찬가지이다. 상호작용의 빈도, 태도, 진실성 등에 의해 정책효과는 달라지는 것이다.

우리가 단순히 머리로 안다고 할 때에는 단순한 정보나 파편적 지식에 불과하지만, 지혜란 지난 시절의 소중한 경험, 넓고 유연한 시각, 창조적 태도를 반영하는 것이다. 그러한 정책의 지혜는 소중한 빛을 발휘하는 것이며, 국민들에게 편하고 진정성 있는 정책으로 다가간다.

지혜정부

과거에 데이터를 다루던 정보체계론이 정보를 다루는 전자정부론으로 진화하고, 이후 지식과 지능을 연결한 스마트 정부론이 나왔지만, 지식과 경험의 결합으로부터 오는 지혜정부는 아직 나오지 않았다. 따라서 신속한 문제해결속도과 윤리적 리더십책임을 토대로 한 지혜로운 정부가 필요하다. 코로나19 팬데믹, 첨예한 국제정세, 경제위기 그리고 점점 더 심각해지는 대규모 자연재해는 국민의 불안감을 고조시키고 있어 작금의 상황은 더욱더 지혜정부를 필요로 하고 있다.

문제해결의 속도는 효율과 연결되고 국민에 대한 책임은 민주와 연결되지만, 지혜는 환경에 대한 총체적 성찰을 필요로 한다. 속도와 책임이 형이하학의 질서를 위한 개념이라면, 지혜는 형이하학과 형이상학을 연결시키는 개념이다.

'성찰'이라는 단어가 주는 함의는 '개인성'이 강하지만, 개인과 개인, 개인과 집단을 연결하는 주체는 여전히 '정부'이다. '성찰성'이라는 의미를 끝까지 사유해 보면 정부모형의 관점에서는 지혜정부를 의미한다. 데이터－정보－지능－지식 이후의 최종 단계는 지혜로 모아지기 때문이다.

보이지 않는 자본

최근 들어 국가 발전에 있어서 보이지 않는 자본의 중요성은 점점 더 강조되고 있다. 경제적·물적 자본과 같은 제1의 자본, 인적 자본과 같은 제2의 자본 못지않게 신뢰, 민주주의와 같은 사회적 자본, 그리고 긍정심리, 창조성과 같은 긍정심리 자본처럼 보이지 않는 자본이 중요하다는 것이다. 이러한 보이지 않는 자본은 창조성의 원천이 된다. 아름다움, 디자인, 미학 등 높은 정신적 차원의 발현이 창조성인 것이다.

산업화와 같은 발전 단계에서는 효율성 중심의 패러다임이 우세했지만, 민주화의 시기를 거쳐 국가 재편 단계에 들어서면 보다 높은 차원의 창조적 질서를 필요로 한다. 제품의 디자인이나 품격에 있어서도 높은 수준의 창조성을 필요로 하는 것이다. 또한 4차 산업혁명이나 코로나 팬데믹Covid-19 Pandemic과 같은 국가 혼란기에 있어서도 더 높은 질서의 정신적 역량을 가진 국가가 더 강한 회복탄력성resilience을 보여준다.

그림 7-1 보이지 않는 자본

• 자료: 손욱 원장, "공공부문리더의 체계적 양성" 에서 제5의 자본 추가 수정
• 긍정심리학 창시자: 마틴 셀리그먼(U Pen), 칙센트 미하이(Chicago)교수

하버드 케네디 스쿨의 미래 정책 연구

현대 정책 환경은 급변하고 있다.[39] 바이러스가 급습하고, 첨단기술이 급변하고 있다. 변동성, 불확실성, 복합성, 모호성으로 대변되는 격변의 시대이다. 4차 산업혁명이 도래하면서 인공지능과 인지과학에 기반한 빅 데이터의 중요성은 급증하고 있고, 이러한 변화에 부응하여 각국은 창조적 정책대안의 개발과 법제도를 포함한 윤리적 이슈를 앞다퉈 연구하고 있다. 이러한 환경변화는 전통적 접근에 비해 보다 종합적인 정책적 고찰을 요구하고 있고, 체제에 참여하는 정책행위자들 간의 관계 성찰성을 보다 근본적으로 요청하고 있다. 대표적인 사례로 하버드 케네디 스쿨은 NBIC 연구센터를 열고, 나노Nano, 바이오Bio, 정보과학Information, 인지기술Cogrnitive science의 비선형적 발달에 부응하는 정책대안 개발과 윤리적 문제에 신속하게 대응하기 위한 연구에 박차를 가하고 있다. 나는 그것을 정부5.0이라고 해석하고 있다. 이는 다음 절에서 상론하기로 한다.

그림 7-2 하버드 대학과 정부5.0

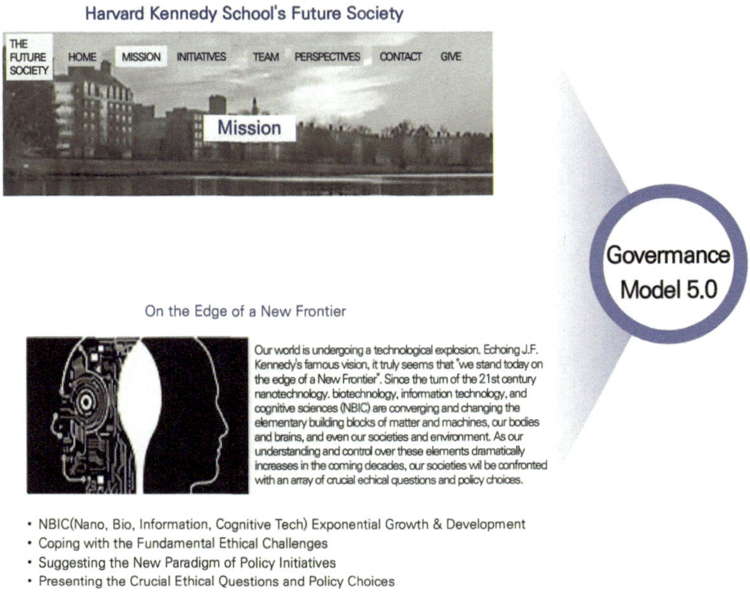

정부5.0

최근 정책 환경이 급변하고 있다. 코로나19 팬데믹, 대규모 자연재난, 첨예해지는 국제정세와 기술경쟁 등의 급격한 변화는 정부모형에 있어서도 새로운 도전으로 다가오고 있다. 막스 웨버가 강조한 정부1.0과 영국의 대처수상 및 미국의 레이건 대통령에서부터 강조된 정부2.0, 그리고 마크 무어가 강조한 정부3.0, 네트워크와 수평적 협력을 강조하는 정부4.0을 넘어서는 새로운 모형이 필요하다.

현대의 VUCAVolatility, Uncertainty, Complexity, Ambiguity 시대는 새로운 불확실성의 환경을 가중시키면서 새로운 문제해결 방식과 정부형태를 요구하고 있는데, 가령, 정부5.0과 같은 지혜정부가 필요하다.

정부5.0은 성찰성에 기반한 정책모형으로서 신속하고 책임지는 리더십을 강조한다. 또한 기존의 정부1.0, 정부2.0, 정부3.0, 정부4.0에서 보여주었던 문제의식, 즉 효율성, 시장성, 공적 가치, 관계 네트워크 등의 문제해결방식으로는 풀기 어려운 비선형적 문제들에 대해 보다 근본적으로 성찰할 것을 요구하고 있다. 즉, 속도와 윤리라는 측면에서 보다 더 신속한 문제해결을 요구하며, 보다 더 높은 윤리의식에 기초한 책임지고 소통하는 지혜로운 리더십을 요청하고 있는 것이다.

그림 7-3 정책환경의 급격한 변화: 새로운 도전

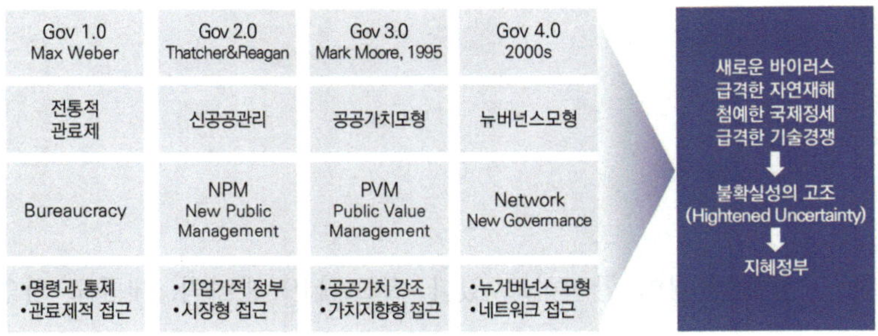

지혜정부의 완성

현대 정책 환경 변화는 가히 격변적이다. 양극화가 심화되면서 인공지능 소유권에 대한 논쟁과 함께 양질의 일자리문제가 쟁점이 되고 있다. 인공지능정부, 드론정부의 등장은 정부의 효율성은 증가시킬 것이다. 그리고 디지털 농업, 플랫폼 자본주의, 기후변화, 욕구의 변화, 장생사회의 도래 등과 함께 새로운 사회문제를 분출시킬 것이다. 이러한 문제들은 기존의 효율성·민주성 정부이념만으로 해결하기 어려운 것들이다. 가령, 극단적 기후변화와 대규모 재난의 증가, 신종 및 변종 전염병의 등장 등은 기존의 정부 패러다임으로는 해결할 수 없으며, 새로운 속도, 책임에 기초한 지혜를 요구하고 있다. 속도는 효율과 연결되고 책임은 민주와 연결되며 지혜는 성찰과 연결된다. 지혜는 형이하학과 형이상학의 융합을 필요로 한다.

따라서 지혜정부는 창조지능형 지혜정부의 구현을 통해 인간의 존엄성과 공공가치를 추구한다. 신속한 문제해결과 효율적·공적 서비스 전달을 통한 기민한 정부Agile Governance를 구축하고, 인공지능 및 빅데이터에 기반한 과학적 행정을 통해 사회적 난제 해결 등 지혜정부Wisdom Governance를 구축하며, 공적 사회 안전망 강화 및 소통을 통해 윤리적 리더십을 갖춘 책임지는 정부Responsible Governance를 구축한다. 즉, 새로운 형태의 정부모형은 속도, 책임, 윤리에 기초한 지혜정부를 추구해야 하는 것이다아래 <그림 7-4> 참조.

그림 7-4 지혜정부: 아젠다

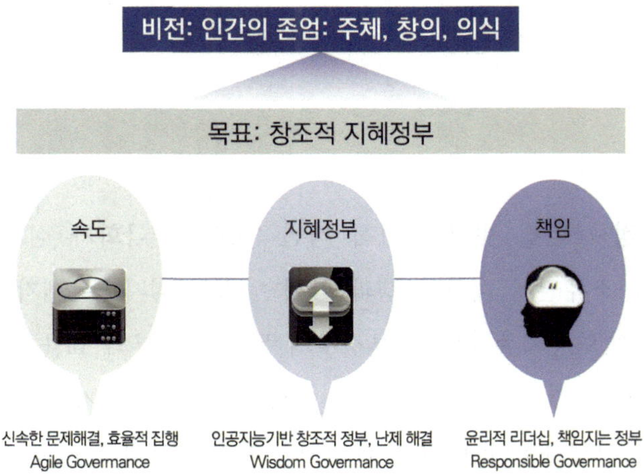

결론

오늘도 길거리엔 사람들로 분주하다. 그들은 어딘가를 향해 바삐 달려가고 있다. 각자 목적하는 바가 있을 것이다. 어떤 사람들은 성공하고, 어떤 사람들은 실패한다. 부와 명예를 이룬 사람도 있고, 질병과 가난에 신음하는 사람도 있다. 도대체 인생의 대의大義란 무엇인가? 이렇게 한번 왔다가 가는 것인가?

본서는 심층의식에 천착하고, 몸과 마음 너머에 존재하는 심층에너지에 집중했다. 그곳은 깊은 곳이며 연결된 곳이었다. 작게는 우리 몸을 둘러싼 에너지장場이지만, 보이지 않는 미세한 입자와 파동으로 이루어져 있어 우주 전체와 하나로 연결되어 있었다. 몸 중심에서 보이지 않는 에너지 중심으로 우리의 관점을 전환하면 많은 것들이 달라진다. 이를 활용하면 우리들 삶의 활력과 파동이 높아지지만, 학문적으로는 형이상학과 형이하학을 연결할 수 있게 된다. 패러다임과 시각 자체가 전환되는 것이다. 그것을 존재론에 기반한 정책학이라 불렀다.

라스웰H. Lasswell이 창시한 정책학 패러다임은 그 역사적 의미의 중대성이 충분히 고려되고 평가되어야 마땅하지만, 전체적인 구성은 법과 제도, 서구적 민주주의라는 틀 안에서 구성된 것이었다. 법과 제도, 절차적 가치를 넘어서 마음과 마음이 교류하고 심층 의식이라는 가치가 고려될 여지는 없었다.

민주주의 정책학의 완성은 법과 제도, 민주주의라는 절차적 가치를 넘어서 마음과 마음이 상호 배려되는 성찰성의 실현이라고 볼 수 있다. 정책과정은 형성 시기부터 집행, 평가에 이르기까지 다양한 행위자들의 복잡한 관계성을 내포하고 있다. 또한 사람, 구조, 환경이라는 다양한 변수들이 역동적으로 얽혀있는 것이다. 따라서 정책과정에 참여하는 다양한 행위자들 간의 관계성, 특히 수요자, 공급자, 상호작용적 거버넌스 조건을 중시하는 성찰성과 같은 개념은 현대 정책학에서 점점 더 중요한 분석도구로 다루어질 것이다.

하지만 존재론적 가치를 고려하는 정책모형은 이제 시작에 불과하다. '존재,' '형이상학적 질서,' '성찰성'이라는 보이지 않는 가치와 인간 존엄이라는 최고의 가치가 현실세계에 내려와 정책내용으로 착근되고 구현될 수 있으려면, 다양한 연구와 시도가 필요할 것이다. 정책수요, 공급, 환경에 대한 분석은 그 한 예시에 불과하다. 향후 계량분석을 위한 다양한 조작적 정의와 지표 구성, 그리고 더 중요하게는 질적으로 존재론적 가치 혹은 성찰성이라는 개념의 틀을 발전시키기 위한 다양한 시도가 필요하다. 가령, 향후 정책학 이론에 반영될 수 있는 형이상학적 가치들을 검토해 보면 다음과 같다.

① 대통령의 통치 행위 혹은 행정부 등 정부의 정책 실패에 대한 반성기제로서의 성찰

② 행정과 정책 집행자 개인의 내면적 성장 기제로서의 성찰
③ 정책행위자의 정책 수용성을 높이기 위한 정부나 정치지도자의 정책 마인드로서의 성찰
④ 정책수용자로서의 성숙한 민주시민의 의식을 고양하기 위한 개념으로서의 성찰
⑤ 정책학 연구의 현실 적실성과 학술적 정교성을 다듬어 나가는 의미로서의 성찰

마지막으로, 성찰성이라는 주제를 정책학에 정착시킴에 있어 주목할 만한 몇 가지 큰 흐름을 제안하고자 한다.

첫째, 본서에서 소개한 공급자의 시각, 수요자의 시각, 상호작용적 시각을 정책분석과 연결시켜 좀 더 심화 발전시키길 기대한다.

둘째, 인간의 본성에 해당되는 근원적인 심층의식을 어떻게 정책결정 혹은 국정 거버넌스에 접목시킬지에 대한 연구가 필요하다. 가령, 심층의식의 철학적 심리학적 의미는 1) 직관: 논리적 사고나 감각을 통하지 않고 어떤 진실이나 상황을 '바로 아는' 능력, 2) 예감: 어떤 일이 일어나기 전에 그것을 '바로 감지하는' 감각, 3) 심층의식과의 연결: 칼 융C. Jung이 말한 집단 무의식이나 무의식의 상징과 연결되는 '제6감'으로서 정책 결정이나 복잡한 사회 문제 해결에서 단순한 분석이나 데이터로 설명되지 않는 직관적 판단이나 통합적 통찰을 의미하는데 이들에 대한 심층연구가 중요하다. 일찍이 드로어Y. Dror는 정책결정의 최적모형을 제시하면서 초감각, 초직관을 계발할 것을 주문했는데, 이들에 대한 후속연구가 필요하다. 예컨대, 1) 성찰성의 심화된 층위로서의 제6감: 숙고와 통찰을 넘는 존재 기반 직관, 2) 양자적 직관성: 양자 세계에 있어서 아직 결정되지 않은 다중

가능성 중 하나를 '느끼는' 능력 등에 대한 연구가 필요할 것이다.

셋째, 우주에 실재하고 있는 높은 차원의 질서가 투영된 인간의 본성을 어떻게 복원시키고 활성화시킬 수 있을지에 대한 연구도 필요하다. 퇴계는 이러한 형이상학적 질서를 '리'理라고 했고, 칸트는 내 가슴속에서 빛나는 높은 차원의 '도덕법칙moral law'이라고 했다. 이는 가령, 불교 혹은 긍정심리학에서 강조되고 있는 마음챙김mindfulness이 개인 혹은 조직 차원에 어떻게 활용될 수 있을지에 대한 연구와도 연결된다. 이미 경영학에서는 개인차원의 마음챙김[40]과 함께 긍정조직학의 관점에서 본 조직차원의 마음챙김[41]도 활발하게 연구되고 있으며, 이런 관점에서 '실패에 대해 관심을 갖고 솔직하게 개방하는 태도와 이를 인정하고 장려하는 조직 분위기, 더 나아가 정보를 단순하게 해석하는 것을 피하여 다각적으로 표현하고 서로의 의견을 존중하는 태도'백양숙, 박호환, 2019: 45를 강조하고 있는 바, 이러한 심층적 관점은 향후 정책학 연구에도 많은 함의를 줄 수 있을 것으로 생각한다.

에필로그

모든 것이 무너지고 있다. 낡은 것들이 무너지고 새로운 공기로 가득 채운다. 오래된 관계, 습관, 관념들이 붕괴되고 새로운 관계, 가능성들이 펼쳐지고 있다. 그 주기의 끝자락에서 미세한 떨림, 진동, 알 수 없는 불안을 감지하는 건 오히려 당연한 일이다.

지구의 진동 주파수가 바뀌고 있다. 더 미세하게 더 맑고 밝고 가파른 방향으로 올라가고 있다. 더 가볍고 더 연결되고 더 깊은 조정이 일어나는 과정에서 우리는 감정적 신체적 통증을 경험할 수 있다. 그걸 미리 감지한 사람은 자신의 길을 준비해야 한다. 사명을 파악하고, 가야할 길을 준비해야 한다. 그건 어둠 속에서 빛나는 별처럼 깨어 있는 길이며, 텅 빈 내적 알아차림 속에서 다른 사람들과 소통하고 안내하며 뜻을 함께 하는 사람들과 합심하여 밝음을 이루는 것이다.

최근 우리는 인류 문명의 모순을 목격하고 있다. 찬란한 첨단과학과 물질문명의 정점을 목격하는 한편 전쟁과 파괴, 바이러스, 기후재난 등 긍정과 부정, 번영과 비탄이 뒤섞인 혼돈과 모순을 목격하고 있다. 따라서 정부의 방향을 선언하는 정책학의 이론 역시 낮은 단계의 무능을 넘어선 '근원'을 탐구하는 높은 단계의 플랫폼이 필요하다.

'정책학'을 하나의 '개체'나 '공동체'의 관점에서 바라볼 때, 인간 존엄성의 실현이란 한 '개체'의 관점에서는 '자유와 존엄'이 지켜지는 삶을 의미하며, '공동체' 관점에서는 '신뢰받고 성숙한 문명사회'를 의미한다.[42] 이는 한 개인의 자유와 선택을 존중하고, 개인의 다양한 기회와 소양이 자아실현을 통해 더 높은 차원의 삶으로 고양될 수 있는 사회의 실현을 말한다. 이를 위해서는 정책의 수요, 정책의 공급, 상호작용에 대한 보다 깊은 성찰과 분석이 필요하다.

그동안 행정학의 발전을 지탱시키는 두 축은 효율성과 민주성이었다. 하지만 본서에서는 현대행정을 동태적 개방체제로 이해한다면 성찰성이 중요하게 등장한다는 점을 강조하였다. 현대행정에서는 효율성, 민주성만으로는 해결하기 힘든 복잡하고 사악한 문제 complex & wicked problem들이 속속 등장하고 있는데, 이들은 효율성, 시장논리, 관계 네트워크만으로는 풀기 어려운 비선형적 문제들이다. 따라서 새로운 정부모형은 속도와 책임이라는 관점에서 보다 더 신속한 문제해결을 요구하며, 보다 더 높은 차원에서 정부와 시민의 상호작용적 거버넌스를 성찰할 것을 요구하고 있다.

따라서 정책학이 지향하는 인간의 존엄성이라는 가치에 부합하는 정책이념을 근본적으로 고찰해 보아야 한다. 또한, 현대 사회의 복잡한 문제의 본질을 보다 깊이 있게 꿰뚫어 볼 수 있고, 외부환경에 흔들리지 않는 존재론적 가치에 대한 담론이 필요하다. 더 나아가, '형이상학적 질서 및 보이지 않는 가치'에 대한 철학적 탐구가 필요하고, 이를 정책과정과 정책분석, 그리고 정책모형에 내재화하려는 학술적 노력이 필요하다. 이러한 노력을 통해 우리는 정책학의 지평을 확장하는 새로운 이론의 탄생을 기대할 수 있을 것이다.

미주

• 프롤로그 •

1 피터 드러커. (2024). 『피터 드러커 자기경영노트』. 장영철 옮김. 한국경제신문.
2 토마스 쿤은 『과학혁명의 구조』에서 이를 패러다임 전환Paradigm Shift이라고 불렀다. 토마스 쿤. (2013). 『과학혁명의 구조』. 김명자 홍성욱 옮김. 까치.
3 클라우드 브리스톨. (2021). 『신념의 마력』. 정만호 옮김. Happy & Books. 19쪽.

• 1장 •

1 그리하여 오늘날까지 일본에서는 퇴계의 학문을 숭상하여 공자나 주자보다 더 높고 깊은 성인으로 떠받들고 있다. 한편 규칙적인 산책도 칸트 못지않았는데, 지금도 안동, 영주, 풍기에 가면 퇴계가 걷던 길이 표시되어 있다.
2 김기현. (2023). 『퇴계의 진리정신과 영성세계』. 철학과 현실사. 229쪽.
3 김기현. (2023). 『퇴계의 진리정신과 영성세계』. 철학과 현실사. 174쪽.
4 우리의 뇌는 보수적이다. 좌뇌는 온갖 핑계와 의심을 들며 창조와 혁신적 사고를 방해한다. 좀 더 큰 생각이나 창조적으로 혁신하는 것을 막는다. 좌뇌에서 우뇌로 넘어가는 걸 막는 것이다.
5 현대의 의식론이라는 학문의 범주는 a) 잠에서 깬 상태: 식識, b) 대상 의식: 의식意識을 대상으로 하며, 전자를 현상적 의식, 후자를 지향적 의식으로 부른다. 즉, 현대의 의식론은 잠에서 깨어 있는 의식 상태 혹은 사물이나 대상이 눈앞에 있는 경우의 의식 상태만을 다루며, 현상보다 더 깊은 근원에서의 깨어 있음으로 다루지 못하고 있다. 한자경. (2020). 『심층마음의 연구』. 서광사. 22~25쪽. 그렇다면, 대상이 없어도 어떻게 마음이 깨어 있을 수 있는가? 마음을 대상화 혹은 이원화하지 않고 마음 자체를 볼 수 있는 것은 마음에 대상을 두지 않고 마음을 비우면서도 마음으로 깨어 있을 수 있기 때문이다. 세계를 대상으로 취하지도 않고 마음 자체를 반성으로 취하지도 않으면서, 그러면서도 성성하게 깨어 있는 것이다. 그때 대상을 여읜 빈 마음은 그 한 찰나에 마음 자체를 보게 된다. 세친은 의식의 단절에도 불구하고 주관적 자아의식이 하나의 단일한 자아의식으로 연결되고, 단편적인 객관적 세계의식이 하나의 통일적 세계의식으로 통합되는 근거를 심층 아뢰야식의 전변활동, 즉 심층마음으로 보았다. 서양의 칸트는 마음의 자기인식 불가능성을 말한 데 반해 원측과 세친은 마음의 자기인식 가능성을 증명하고 있는 것이다. 한자경. (2020). 『심층마음의 연구』. 서광사. 147, 174－177쪽.

6 지식의 서재, '높은 주파수로 각성할 때 반드시 겪게 되는 특별한 징조 5가지.'

7 이것은 힌두교의 베단타 철학과도 일치한다. 베단타에서도 우리의 몸은 1) Annamaya Kosha(음식으로 이루어진 몸 - 육체), 2) Pranamaya Kosha(프라나로 이루어진 몸 - 생명 에너지), 3) Manomaya Kosha(마음 - 감정, 사고), 4) Vijnanamaya Kosha(지성 - 직관, 분별), 5) Anandamaya Kosha(블리스 - 진정한 자아와 가까운 환희의 층)로 이루어져 있다.

8 빛의 몸이 된다는 것은 1) 자신의 감정을 정화함으로써 아스트랄체(Astral body)를 빛나게 하고, 2) 생각이나 지적 판단을 정화함으로써 멘탈체(Mental body)를 빛나게 하고, 3) 근본무명이나 미세망념까지 정화함으로써 인과체(Causal body)를 빛나게 하는 것이다. 또 다른 한편 1) 자신의 감정들을 정화함으로써 아스트랄 포털(Astral portal)을 넘어서고, 2) 자신을 돌아보고 지적으로 성찰함으로써 멘탈 포털(Mental portal)을 넘어서고, 3) 높은 단계의 빛의 차원으로 합일함으로써 인과 포털(Causal portal)을 넘어서는 것이다.

9 조 디스펜자. (2019). 『당신도 초자연적이 될 수 있다』. 추미란 옮김, 샨티. 빛의 포털은 조 디스펜자의 양자장quantum field 개념과 같으며, 조 디스펜자가 말한 양자장場은 우리 몸을 둘러싼 에너지 필드field이다. 필드field는 입자particle를 지배한다(Field governs the particles). 따라서 필드field에 들어간 사람은 부정적인 감정에 쉽게 휘둘리지 않는다.

10 인간의 근원의식은 신의 마음(신성)과 맞닿아 있다. 인간의 근원의식에 존재하는 '나라는 존재감(I AMNESS)'은 곧 신성이다. 나라는 생생한 존재감, 그것은 신의 마음으로부터 온다. 따라서 인간은 신의 마음에 뿌리를 내린 신성한 존재다. 그리고 인간의 존엄성이란 바로 이러한 인식론에 근거를 두고 있다. 텅 비어 깨어 있는 순수한 의식, 순수한 알아차림, 순수한 각성은 신성과 맞닿아 있다. 진아(眞我)인 것이다. 따라서 이 진아(眞我)에서 명령을 내린 것은 이루어진다. 창조적 권능이 있기 때문이다. 나는 할 수 있다는 생각, 온 몸과 세포를 진동으로 고양시켜 빛의 속도로 주파수를 올리는 행위가 가능해지며, 그리하여 몸 전체의 세포는 깨어 있고 빛의 주파수로 고양되는 일이 가능해진다. 낮은 주파수에서 높은 주파수로 이행(移行)하는 것이 가능해지며, 낮은 단계에서 높은 단계의 삶으로 이동(移動)하는 것이 가능해진다.

• 2장 •

11 무한한 두뇌, '제3의 눈을 활성화하면 현실이 당신의 것이 될 것입니다.'

12 조 디스펜자. (2019). 『당신도 초자연적이 될 수 있다』. 추미란 옮김, 샨티.

13 Max Planck는 양자장, David Bohm은 숨겨진 질서, Lynn MacTaggart, 필드라고 불렀다. 막스 플랑크(Mas Planck). (2019). 『과학적 신념은 어디에서 오

는가? 막스 플랑크의 물리철학』. 이정호 옮김. 전파과학사. 데이비드 봄(David Bohm). (1980). 『Wholeness and the Implicate Order』. Routledge, United Kingdom. 린 맥태거트(Lynn MacTaggart). (2016). 『필드: 마음과 물질이 만나는 자리』. 이충호 옮김. 김영사.

14 조 디스펜자. (2019). 『당신도 초자연적이 될 수 있다』. 추미란 옮김, 샨티.

15 쇼펜하우어. (2024). 『쇼펜하우어 인생수업』. 김지민 옮김. 하이스트; 김용수. (2023). 『마흔에 읽는 쇼펜하우어 』. 유노북스.

16 이를 밥 프록터는 우리 무의식에 쌓인 부정적 패러다임이라고 했다. 세계적인 생물학자 브루스 립튼은 생후 4~7세 사이에 우리 자아의 95%가 형성된다고 했다. 하지만 변화시킬 수 있다. 중요한 것은 무의식의 부정적 패러다임을 타파하고 긍정적 시각으로 전환하는 것이다. 그 해결책은 분명한 의도와 일관성 있는 노력이다. 강력한 결심과 의도를 표명하고, 일관성 있는 노력을 통해 내면의 힘을 길러 나가라. 또한 자연과의 연결을 통해 자연에 흐르는 에너지가 나를 관통하는 에너지와 둘이 아님을 느껴 보라.

17 표층의식의 작은 자아는 늘 상대적으로 인식한다. 나와 세상 밖의 대상들이 존재한다. 내가 있고 네가 있고 대상들이 있다. 늘 이런 식이다. 주체와 객체가 뚜렷이 구분되어 인식되는 것이다. 하지만 심층의식에서 보면 나는 깨어 있는 마음이며 그것은 대상이 없이도 늘 전체로서 존재하는 고요한 마음이다.

18 이 절의 내용은 졸저, 『정책학의 심층이론』(박영사, 2025)을 수정 보완한 것이다.

19 한형조 외. (2012). 『근사록: 덕성에 기반한 공동체, 그 유교적 구상』. 한국학중앙연구원출판부. 27쪽.

20 일자 샌드. (2017). 『센서티브』. 김유미 옮김. 다산지식하우스. 95쪽.

21 김태길. (2010). 『우송 김태길 전집: 체험과 사색』. 철학과 현실사. 217쪽.

• 3장 •

22 Ostrom, E. (2010). Beyond markets and states: polycentric governance of complex economic systems. American economic review, 100(3), 641－72; Ostrom, E. (2010). Polycentric systems for coping with collective action and global environmental change. Global environmental change, 20(4), 550－557.

23 Hupe, Peter L. & Hill, Michael J. (2005). 'The Three Action Levels of Governance,' In Handbook of Public Policy, Edited by B. Guy Peters and Jon Pierre. Sage Publications.

24 이 절의 내용은 졸저, 『정책학의 성찰』(박영사, 2021)을 수정 보완한 것이다.

25 권기헌, 『정책학의 심층이론』, 박영사(2024), 37－40, 45쪽; 권기헌, 『정책학의

성찰』, 박영사(2021), 74－80. Gi－Heon Kwon, 『Policy Science: Effective Policy Making under the Age of Turbulence』, PARKYOUNG(2021), pp. 11－14; Gi－Heon Kwon, 『E－Government & E－Strategy: Explaining the Successful Korean E－Government Model and Strategies』, PY Publishing Company(2014), pp. 269－272).

• 4장 •

26 정약용. (2012). 『목민심서』. 박일봉 옮김. 육문사.

27 형이상학적 진리는 존재론적 진리와 연결되어 있다. 존재론적 진리란 '이 세상은 무엇으로 이루어져 있을까?'라고 하는 보다 존재의 근원에 관한 질문을 던진다. 더 깊이 들어가면, '우리가 살고 있는 눈에 보이는 물질 세상이 전부일까?' 하는 의문으로 이어지는데, 결국 눈에 보이진 않지만 '형이상학적 진리'가 있다는 결론에 도달하게 된다.

• 5장 •

28 이 절의 내용은 졸저, 『정책학의 심층이론』(박영사, 2025)을 수정 보완한 것이다.

29 이 절의 내용은 졸저, 『정책학의 논리』(박영사, 2014)을 수정 보완한 것이다.

30 찰스 해낼. (2019). 『마음먹은 대로 된다』. 박별 옮김. 뜻있는 사람들.

31 찰스 해낼. (2019). 『마음먹은 대로 된다』. 박별 옮김. 뜻있는 사람들. 26－29쪽.

32 우리 내면에 존재하는 무한하고 궁극적인 신성한 흐름은 높은 차원의 파동이며, 그 자체가 하나의 신성한 법칙을 내재하고 있다. 우리 의식의 가장 깊은 근원에 들어가면 우주와 연결되는 거대한 하나의 흐름이 있는데, 그 흐름은 높은 차원의 신성한 파동인 것이다. 이를 인격화하여 기독교에서는 하나님 혹은 무한자無限者, 자존자自存者, 궁극자窮極者라고 부르지만, 비(非) 인격화한다면 불성, 하늘, 천리, 참 자아라고도 부를 수 있다. 이름이야 뭐라 부르든 실체는 동일한데, 말하자면, 우리 내면에 존재하는 무한하고 궁극적인 신성한 흐름은 높은 차원의 파동이며, 그 자체가 하나의 신성한 법칙을 보유하고 있는 것이다.

33 불교는 무아론을 주장하기에 '나', '자아'라는 단어에 민감하다. 낮은 차원의 자아인 오온(개체적 몸과 마인드)은 무상하고 괴로우며 따라서 나라고 할 수 없다(무아). 하지만 높은 차원에서 나타나는 대승의 마음, 가령 공적영지나 자기지의 마음은 진여이며 청정심이다. 상락아정(常樂我淨) 하는 열반사덕을 갖추고 있다. 즉, 항상하며 즐거움이며 청정하며 참된 나라고 할 수 있다. 또한 일심이며 진심이며 대승심이다. 상일주재의 참된 '나'가 있는가의 문제는 이론으

로 따질 문제가 아니며, 체험적 영역에 속한다. 불생불멸(不生不滅), 부증부감(不增不減), 불구부정(不垢不淨)하는 진여불성이 존재한다. 그것은 나의 참된 실상일 뿐만 아니라, 우주 본유의 참된 생명의 모습이다.

부처님은 오온(五蘊)은 내가 아니라고 말했다. 오온이 아니라고 말했지 그렇다고 아무 것도 없다고 말했을까? 참다운 자아, 진여 역시 없는 것일까? 단견(斷見), 상견(常見)으로만 잣대를 대면 이분법이 된다. 그건 흑백논리에 불과하다.

표층적인 사유에서는 유근신(有根身)도 없고 기세간(器世間)도 없다. 아공(我空)이고 법공(法空)이다. 그렇다고 아무 것도 없다는 뜻일까? 심층적인 사유에서는 일심(一心), 진여(眞如), 청정심(淸淨心), 진심(眞心)이 있다. 그것을 있다고 단정 지어 말하지 않는 것뿐이다. 세친은 말했다. 심층의식, 심층마음에서는 미세한 의식의 흐름이 있고, 그것은 열반, 해탈의 상태에서 상락아정(常樂我淨)한다.

한자경(2006: 267) 역시 동일한 견해를 표명한다. 한자경. (2006). 『불교의 무아론』. 이화여자대학교 출판부. '결국 꿈에서 깨어나는가 아닌가, 진여를 자각하는가 아닌가. 윤회를 반복할 것인가, 그 매임을 풀어내고 공성을 자각하여 해탈에 이를 것인가. 결국 각자가 마음먹기에 달려 있다.' 즉, 오온의 자아(표층의식)는 공하지만, 진여심을 느끼고 공성을 자각하는 마음(심층의식)은 무엇인가? 라고 묻게 되는 것이다.

다시 한자경(2006: 262)은 말한다. '문제는 나와 세계의 공성이 아니라, 그 공을 공으로 깨닫는 마음인 것이다. 꿈꾸는 나를 꿈꾸는 나로 자각하여 꿈에서 깨는 자, 현실의 마음을 자신으로 자각하는 마음인 것이다.' 그렇다면, 그 자각하는 자는 누구인가? 그 자가 바로 참다운 자신이다. 진여(眞如), 청정심(淸淨心)인 동시에 그것을 느끼는 주체이다.

34 흩어진 기운과 가라앉은 기운은 어둡고 무겁고 침침하며 파동이 낮다. 즉, 죽은 기운으로서 낮은 차원이다. 반대로, 하나로 모아진 기운과 살아 움직이는 기운은 밝고 가볍고 명쾌하며 파동이 높다. 즉, 살아있는 기운으로서 높은 차원이다.

35 불교에서는 하나의 기운으로서 늘 밝게 살아 숨 쉬는 우주에 충만한 큰 생명을 아미타불이라고 부른다. 인도철학에서는 우주의 큰 생명을 브라흐만이라고 부른다. 이 절대적 실재만이 유일한 실체(Oneness)라고 본다. 하지만 우리는 하나로 꿰어 밝지 못해 이러한 큰 생명으로부터 떨어져 있다고 느끼고, 종종 이러한 진리를 놓치고 흩어지고 무거운 기운에 떨어진다. 인도철학에서는 이를 무명無明, 마야Maya, 환영幻影이라고 부른다. 이러한 잘못된 관념을 모두 지우면 물방울(아트만, 개체)은 큰 대양(브라흐만, 전체)과 하나임을 알게 된다. 범아일여(梵我一如). 브라흐만(梵)과 아트만(我)은 언제나 하나였다.

36 불교(정토종)에서는 그 큰 하나의 생명체를 아미타불이라고 하고, 그 부처님의 밝고 높은, 그리고 하나된 기운을 자꾸 그리워하고 닮고 싶어 염원하는 행위를 염불기도라고 한다. 참선參禪은 흩어 진 마음을 하나로 모으고 가라앉은 기운을 밝게 불러일으켜서 종국에는 우주의 큰 생명과 하나되게 계합하는 수행 노력인데, 내 마음의 자성 자리가 곧 우주의 불성 자리임을 믿고, 그 불성 자리의 부처님(아미타불)을 염원하면서(마음에 그리면서) 염불하는 수행 노력을 염불선念佛禪이라고 한다.

아, 그렇다!

법성상法性相으로 펼쳐지기 전에 그 자리가 지혜智慧, 광명光明, 생명生命, 불성佛性, 금진金塵이었구나. 모두 한 이름을 말한 것인데, 그것이 곧 무량광 아미타불님이었구나.

법法은 우주의 법칙이니 생명이며
상相은 만물의 차별상이며
성性은 상의 본바탕이니 본질이다.

37 대아大我는 우주심宇宙心의 발견이며, 공적영지空寂靈知의 마음이다. 분리된 개체나 입자가 아닌 전체로 연결된 파동이며, 고요하고 텅 빈 마음이다. 텅 비어 깨어 있는 밝은 알아차림이다. 기독교식 표현으로는 그리스도 의식의 발견이며, 영적 승리의 단계이다.

• 6장 •

38 이 절의 내용은 졸저, 『정책학의 심층이론』(박영사, 2025)을 수정 보완한 것이다.

39 이 절의 내용은 졸저, 『정책학의 성찰』(박영사, 2021)을 수정 보완한 것이다.

40 개인 차원의 마음챙김에 관해서는 Academy of Management의 'Organizational Mindfulness in Business Schools,' Academy of Management Learning & Education, Vol. 10, No. 2. 웹사이트로는 https://doi.org/10.5465/amle.10.2.zqr188. 참조바람.

41 조직 차원의 마음챙김에 관해서는 Academy of Management의 'Organizational Mindfulness and Mindful Organizing: A Reconciliation and Path Forward,' Academy of Management Learning & Education, Vol. 11, No. 4. 웹사이트로는 https://doi.org/10.5465/amle.2011.0002c.

42 이 절의 내용은 졸저, 『정책학의 성찰』(박영사, 2021)을 수정 보완한 것이다.

참고문헌

국내문헌

■ 단행본

권기헌. (2006). 『미래예측학: 미래예측과 정책연구에 관한 방법론 서설』. 법문사.

권기헌. (2007). 『정책학의 논리』. 박영사.

권기헌. (2010). 『정책분석론』. 박영사.

권기헌. (2012). 『정의로운 국가란 무엇인가』. 박영사.

권기헌. (2013). 『행정학 콘서트』. 박영사.

권기헌. (2014). 『정책학 강의』. 박영사.

권기헌. (2017). 『정부혁명 4.0 따뜻한 공동체, 스마트한 국가』. 행복한에너지.

권기헌. (2018). 『정책학 콘서트』. 박영사.

권기헌. (2018). 『정책학의 향연』. 박영사.

권기헌. (2019). 『정책학의 지혜』. 박영사.

권석만. (2014). 『이상 심리학 의 기초: 이상 행동과 정신 장애의 이해』. 학지사.

김현구. (2013). 『한국 행정학의 한국화론』. 서울: 법문사.

괴테. (2016). 『곁에 두고 읽는 괴테』. 이정은 역. 홍익출판사.

리처드 탈러, 캐스 선스타인. (2019, 초판 2009). 『넛지: 똑똑한 선택을 이끄는 힘』. 안진환 옮김. 리더스북.

리처드 탈러. (2016). 『행동경제학과 넛지를 이해하는 가장 효과적인 방법에 대해』. 안진환 옮김. 리더스북.

맨리 P. 홀. (2017). 『별자리 심리학』. 윤민+이강혜 옮김. Yoon&Lee,

박찬국. (2017). 『초인수업: 나를 넘어 나를 만나다』. 21세기북스.

신상규. (2014). 『호모 사피엔스의 미래』. 아카넷.

신창호. (2015). 『율곡 이이의 교육론』. 경인문화사.

이소윤 · 이진주. (2015).『9번째 지능: 같은 재능, 전혀 다른 삶의 차이』. 청림출판.

이한구. (2018).『칼 포퍼의『열린사회와 그 적들』 읽기』 세창미디어.

윌 킴리카. (2018).『현대 정치철학의 이해』. 장동진 외 옮김. 동명사.

전제남. (2018).『참 나: True Self』. 제세

정순목. (2011).『퇴계평전』. 지식산업사.

조앤 치티스터. (2013).『무엇을 위해 아침에 일어나는가: 인생 오랜 질문들에 세상의 모든 지혜가 답하다』. 한정은 옮김. 판미동.

칼 포퍼. (2008).『끝없는 탐구: 내 삶의 지적 연대기』. 박중서 옮김. 갈라파고스.

파라마한사 요가난다. (2014).『요가난다, 영혼의 자서전』. 김정우 옮김. 뜨란.

한나 아렌트. (2006).『전체주의의 기원』 이진우, 박미애 옮김, 한길사.

한형조 · 이창일 · 이숙인 · 이동희 · 최진덕. (2012).『근사록 덕성에 기반한 공동체 그 유교적 구상』. 한국학중앙연구원출판부.

■ 논문

권기헌. (2015). "정책논단: 인간의 존엄성 증진을 위한 정책학의 연구방향에 관한 소고: 정책학과 긍정심리학의 접점 모색을 중심으로". The KAPS, 40, 8−17.

권기헌. (2016). "창조경제의 지속가능한 패러다임 탐색: '인간' 과 '창조성'에 대한 이해를 중심으로". 한국행정포럼, (152), 26−31.

권기헌. (2018). "새로운 행정학의 개념탐색을 위한 전제: 좋은 거버넌스와 제4세대 정부모형의 구현 조건,"「국정관리연구」. 13(1): 1−27.

권기헌. (2017). "정책논단: 사회변화와 정책학의 새로운 패러다임". The KAPS, 48, 20−29.

김명희 · 김영천. (1998). "다중지능이론: 그 기본 전제와 시사점", 한국교육과정학회,「교육과정연구」 16권(1): 299−330.

김성배. (2005). 참여정부의 국가균형발전정책과 그 한계: 경제성장과 공간구조간의 관계를 중심으로.「지역연구」. 21(3): 115−141.

문상호 · 권기헌. (2009). "한국 정책학의 이상과 도전−한국적 맥락의 정책수용성 연구를 위한 성찰적 정책모형의 유용성에 관한 고찰".「한국정책학회보」 18(1): 1−28.

백양숙 · 박호환. (2019). "조직에서의 마음챙김에 대한 국내연구동향".「조직과 인사관리 연구」 제43집 1뤌: 35−70.

심준섭. (2006). 정책과정에 대한 판단분석 (Judgment Analysis) 기법의 적용에 관한 연구.「한국정책과학학회보」. 10(4): 345−376.

윤견수. (2005). 한국 행정학의 질적 연구방법에 대한 반성과 제안. 「한국행정학보」. 39(2): 1－22.

윤기영. (2017). 정책의제설정 단계에서의 예측적 거버넌스. 미래연구, 2, 49－78.

이명석. (2006). 거버넌스 이론의 모색: 민주행정이론의 재조명. 「국정관리연구」. 1(1): 36－63.

이종범. (2003). 행정이론의 토착화의 재음미: <국민과 정부관료제>에 대한 비판적 성찰. 「한국사회와 행정연구」. 14(2): 1－22.

이해영. (2018). "정책사상에서 정책의 선(善)의 개념에 관한 논의". 「국정관리연구」. 13(2): 1－24.

허범. (1992). "정책윤리분석의 구조와 기준". 「중앙공무원교육원 연구논집」. 12: 165－187.

허범. (2002). "정책학의 이상과 도전". 「한국정책학회보」. 11(1): 293－311.

■ 보고서 및 기타

권기헌 외. (2015a). 「정부 3.0을 통한 공공가치 실현방안 연구」. 행정자치부 정책연구보고서.

더굿북. "포스트 휴먼이 현생 인류를 대체한다." 2017. 8. 17.

윤기영, "미래학의 학술적 계보" 성균관대학교 국정전문대학원(2019), Memeo.

이정모, "행동 경제학의 공부법," http://cogpsy.skku.ac.kr/study/study.html.

한국경제신문, "주류경제학 한계 넘은 행동경제학의 노벨상 개가(凱歌)" 한국경제신문, 사설, 2017. 10. 10.

국외문헌

Ascher, W. (1987). "Policy Sciences and the Economic Approach in a 'Post-positivist' Era." *Policy Sciences*, 20(1), 3-9.

Bell, Wendell. (1997). *Foundations of Futures Studies: Volume 1: History, Purposes, and Knowledge*. Transaction Publishers.

Birkland, T. A. (2006). *Lessons of Disaster: Policy Change after Catastrophic Events*. Georgetown University Press.

Carver, C. S., & Scheier, M. F. (1988). "A Control-process Perspective on Anxiety." *Anxiety Research*, 1(1), 17-22.

Courtis, K. (2008). "Integral Futures Methodologies." *Futures*, 40: 103-108

Dator, Jim. (2002). *Advancing Futures: Futures Studies in Higher Education*. Westport, Connecticut: Praeger.

Dewey, J. (1916). *Education and Democracy*.

Fuerth, Leon S. (2009). "Foresight And Anticipatory Governance." *Foresight,* Vol. 11 No. 4 , Pp. 14-32.

Hajer, M. (2003). "Policy without Polity? Policy Analysis and the Institutional Void." *Policy Sciences*, 36(2), 175-195.

Herweg, N., Huß, C., & Zohlnhöfer, R. (2015). "Straightening the Three Streams: Theorizing Extensions of the Multiple Streams Framework." *European Journal of Political Research*, 54(3), 435-449.

Howlett, M., McConnell, A., & Perl, A. (2015). "Streams and Stages: Reconciling Kingdon and Policy Process Theory." *European Journal of Political Research*, 54(3), 419-434.

Hupe, Peter L. & Hill, Michael J. (2005). "The Three Action Levels of Governance," In *Handbook of Public Policy*, Edited by B. Guy Peters and Jon Pierre. Sage Publications.

Inayatullah, Sohail. (1996). "Causal Layered Analysis: Poststructuralism As Method." *Futures*, 30(8), 815-829.

Kingdon, J. W. (1984). *Agendas, Alternatives, and Public Policies*. Haper Collines: College Publishers, 21-27.

Lasswell, H. D. (1958). "Communications as an Emerging Discipline." *Educational Technology Research and Development*, 6(1), 245-254.

Lasswell, H. D. (1970). "The emerging conception of the policy sciences." *Policy Sciences*, 1(1), 3-14.

Lasswell, H. D. (1971). *A pre-view of policy sciences*. New York: American Elsevier Publishing Company.

Maslow, Abraham, H. (1954). *Motivation and Personality*. New York: Harper & Row.

Miller, Riel(ed). (2018). *Transforming the Future*. Routledge.

Mucciaroni, G. (1992). "The Garbage Can Model & the Study of Policy Making: A Critique." *Polity*, 24(3), 459-482.

Ostrom, E. (2010). "Beyond markets and states: polycentric governance of complex economic systems." *American economic review*, 100(3), 641-72.

Ostrom, E. (2010). "Polycentric systems for Coping with Collective Action and Global Environmental Change." *Global Environmental Change*, 20(4), 550-557.

Pierre, J., & Peters, G. (2005). *Governing Complex Societies: Trajectories and Scenarios*. Springer.

Scheier, M. F., & Carver, C. S. (1988). "A Model of Behavioral Self-regulation: Translating Intention into Action." In *Advances in Experimental Social Psychology* (Vol. 21, pp. 303-346). Academic Press.

Seligman, M. E. (2002). "Positive Psychology, Positive Prevention, and Positive Therapy." *Handbook of Positive Psychology*, 2(2002), 3-12.

Seligman, M. E., Rashid, T., & Parks, A. C. (2006). "Positive Psychotherapy." *American Psychologist*, 61(8), 774.

Seligman, M., & Happiness, P. A. (2002). *Using the New Positive Psychology to Realize Your Potential for Lasting Fulfillment*.

Voros, Joseph (2008). "Integral Futures: An Approach to Futures Inquiry." *Futures* 40: 190-201.

Zahariadis, N. (2003). *Ambiguity and Choice in Public Policy: Political Decision Making in Modern Democracies*. Georgetown University Press.

Zahariadis, N. (2007). "The Multiple Streams Framework: Structure, Limitations, Prospects." *Theories of the Policy Process*, 2, 65-92.

저자 약력

권 기 헌

미국 하버드대학교에서 정책학 석사 및 박사 학위를 취득했으며, 성균관대학교 대학원장을 역임했다. 현재 성균관대학교 행정학과 교수로 재직하고 있다.

<주요 저서> 정책학의 심층이론, Policy Science, 정책학 콘서트, 가야산으로의 7일간의 초대, 삶의 이유를 묻는 그대에게, 포스트 코로나 이후의 삶, 정의로운 국가란 무엇인가

DEEP THEORY — "근원"에 관하여

초판발행 2025년 8월 31일

지은이 권기헌
펴낸이 안종만 · 안상준

편 집 소다인
기획/마케팅 정연환
표지디자인 BEN STORY
제 작 고철민 · 김원표

펴낸곳 (주) 박영사
서울특별시 금천구 가산디지털2로 53, 210호(가산동, 한라시그마밸리)
등록 1959. 3. 11. 제300-1959-1호(倫)
전 화 02)733-6771
f a x 02)736-4818
e-mail pys@pybook.co.kr
homepage www.pybook.co.kr
ISBN 979-11-303-2392-3 03100

정 가 18,000원